바른 성경을 찾아서 13

킹제임스성경에 감추어진 심오한 진리들

피터 럭크만 지음

김진석 옮김

말씀보존학회

The Unknown Bible

By

Peter S. Ruckman

President, Pensacola Bible Institute B.A., B.D., M.A., Th.M., Ph.D.

BIBLE BELIEVERS BOOKSTORE

Pensacola, FL

2013 / Korean by Word of God Preservation Society

Seoul, Korea

서 문

『하늘이나 땅이나 땅 아래에서 그 책을 펴거나 볼 수 있는 사람은 아무도 없더라』(계 5:3).

권위를 인정받은 〈킹제임스성경〉은 21세기에도 여전히 전 세계에서 가장 특이한 책이다. 〈킹제임스성경〉은 세상의 그 어떤 베스트셀러 다섯권을 합친 것보다 훨씬 더 많이 판매되었으며, ASV, 리빙바이블, NASV, RSV, NRSV 등의 변개된 영어성서들을 합친 것보다도 더 많이 팔렸다. 지난 400년 동안 〈킹제임스성경〉은 다른 번역본들처럼 판매를 촉진하는 운동이나 대중에게 잘 팔기 위해 장려 프로그램를 한 적이 없고, 기독교 학자들도 〈킹제임스성경〉을 추천하지 않는다는 점을 고려할 때 더욱 놀랍기 짝이 없다. 다른 변개된 영어 성서들은 모두 대대적인 미디어 상술과 판매 촉진과 광고와 수많은 학자들의 추천에 힘입어 팔려나간다.

〈킹제임스성경〉은 전 세계적으로 유명하지만, 동시에 반대자들은 〈킹제임스성경〉을 혹독하게 악평한다. 그러면서도 세상에서 가장 덜 알려진 책이 또한 〈킹제임스성경〉이다. 〈킹제임스성경〉의 내용이 어떤 것인지 깨닫고, 그것을 오늘날 흔히 사람들이 설교하고 전하고 가르치는 바와 비교해 보면 더욱 그러함을 알 수 있다. 아시아와 일본에 있는 사람들은 아직도 성경에 대해서 놀랍도록 무지하며, 남아메리카와 스페인과 멕시코에 있는 로마카톨릭들도 성경에 무지하기는 마찬가지다. 이것이 왜 여전히 이 땅에 성경을 출간할 필요가 있고, 그럼에도 그 필요를 충족시키지 못하는가를 잘 설명해 준다. 로마카톨릭과 공산주의자들이 이러한 필요가 충족되지 못하도록 성경을 읽지 못하게 하기 때문이다.

그런가 하면 (앞으로 살펴보겠지만) 바티칸 당국이나 비밀경찰의 감시를 받지 않는 미대륙에 있는 영어를 모국어로 말하는 사람들에게도 영어 〈킹제임스성경〉의 상당 부분이 "봉인"되어 있음을 알 수 있다. (제3장 "교육받지 못한 자의 무지 대 교육받은 자의 무지"를 보라.) 특히 대학 교육을 받은 "근본주의자들"과 "보수주의자들"일수록 더욱 성경에 무지하다. 그들은 헬라어와 히브리어 지식이 곧 성경을 잘 깨닫는 비결이라고 기만당한 것이다.

예를 들자면, 로버트슨(A. T. Robertson), 메이첸(J. Gresham Machen), 윌슨(Robert Dick Wilson) 같은 사람들이다. 이 유명한(?) 사람들은 성경의 예언에 대해서는 완전히 까막눈이다. 또한 해롤드 윌밍턴(Harold Willmington), 시들로우 백스터(Sidlow Baxter), 마이런 씨다홈(Myron Cedarholm), 케네스 웨스트(Kenneth Wuest), 스피로스 조디에이츠(Spiros Zodhiates) 등이 야고보서와 히브리서의 교리들에 관해 아는 바를 한데 모아 놓으면 난센스도 그런 난센스가 없을 것이다. 아마 그 정도로 혼란스럽고 말이 안 되는 것은 밥존스 대학이 출간한 스튜어트 커스터(Stewart Custer)의 〈킹제임스성경〉에 관한 책 정도일 것이다(1982년).

현대 근본주의 교수들은 철저하게 성경에 대해 무지하다. 그래서 그들은 모든 실제적인 부분에 있어서 〈킹제임스성경〉의 상당 부분을 모른다. 새로운 것들에만(행 17:21) 심취해서 살았던 아테네인들처럼(행 17:22), 오늘날의 배교한 근본주의자들은 가려운 귀를 간지럽게 하는 꾸며낸 이야기들에 완전히 사로잡혀서 성경 본문의 내용 자체는 전혀 깨닫지 못하고 넘어간다. 이들이 바로 미국의 달라스, 덴버, 그랜드래피드, 워터타운, 폰티악, 그린빌, 포트워쓰 등의 도시에 있는 기독교대학과 신학교들의 교수진이다. 그중 어떤 교수가 이런 본문을 읽는다하더라도 그는 강의 시간에 고의적으로 그 내용을 언급하는 것을 회피하고 넘어간다. 결과적으로 학생들도 똑같이 성경에 무지한 사람들이 되는 것이다. 이 교수들은 『**그 종류대로**』 재생산하게 하신다는 하나님의 법칙대로(창 1장) 그들과 똑같은 자들을 낳는다. 바로 이것이 왜 1930년 이후로 미국에서 50,000명이 넘는 신학생들이 "성경" 대학 즉 기독교 대학을 졸업하고, 또 수많은 학생들이 석사와 박사 학위도 취득했지만 단 하나의 참다운 성경적 사역도 제대로 펼쳐보지 못하고, 혼들을 이겨오는 단 하나의 참다운 부흥도 일으키지 못하고, 졸업한 후에 돌아간 고향에서 단 하나의 영적 각성도 일으키지 못하는가에 대한 이유다. 그들은 성경의 상당수의 본문들을 모르는 무지한 상태에서 신학교에 갔다가 여전히 그 본문들에 무지한 상태로 졸업한 것이다. 그들은 성경 본문을 모르는 상태에서 소위 사역을 전개했고,

이들이 세운 교회나 학교를 다니는 이들 또한 이들처럼 성경을 깨닫는 조명을 전혀 받지 못하는 자들이 된다. (미국의 신학교들은 모두 밥존스대학처럼 "믿음의 근본사항들"을 믿고 잭 반 임프가 그의 책 〈그리스도의 몸의 심장병, *Heart Disease in the Body of Christ*〉에서 설명한 "근본사항들"을 믿는 학교들이다.) 젊은 남자들과 여자들이 이런 "성경"대학 곧 신학교에 입학하면, 성경을 배울 것이라 생각하면서 속아서 학교에 다녔던 것이다.

그러나 학생들은 성경을 배우지 않는다.

그들은 실제로는 성경의 어떤 역본도 제대로 배우지 않는다.

그들은 단지 어떤 교수가 성경에 "대해서" 생각하는 바를 배웠을 뿐이다.

앞으로 우리는 위에 진술한 바를 증명할 것이다.

우리는 앞으로 "감추어진 진리들"(The Unknown Bible)이라는 주제를 놓고 12장에 걸쳐서 성경의 약 200구절 정도를 다룰 것이다. 그 중 100구절 이상을 직접 책에서 언급하고 설명할 것이다. 그러나 소위 미국의 주요 기독교 대학이나 신학교에서는 이런 구절들을 다루지 않는다. 게다가 19-21세기의 주요 성경 주석가들도 이 구절들을 그들이 살았던 동시대나 현시대에 적용시키지 않는다. 이 구절들은 "과거에" 속한 것으로 격리시키고 사장시켜서 그리스도의 몸에 속한 그리스도인들이 이 구절들을 찾고 공부하지 못하게 한 것이다. 그리스도인들이 이 구절들을 공부했더라면, 그들은 팥죽 한 그릇에 그들의 장자권을 팔아버리지는 않았을 것이다. 오늘날의 그리스도인들이 혹하는

"팔죽"은 "원본에 충실한" 번역본이나 "옛날 방식 그대로의 기독교 신앙"으로 선전하는 학교들이다. 후자의 표현은 알링 홀튼과 밥존스 2세와 3세 등이 자신의 학교를 선전하기 위해 써먹었던 문구다. 사기꾼들도 모두 자기 나름대로의 "노하우"가 있는 것이다.

우리는 이 책이 독자들에게 큰 "깨우침"이 될 것이라 확신한다. 이 책에 있는 내용은 미국과 유럽은 물론 한국에 있는 어떤 신학교나 기독교 대학에서도 논의하지 않는 본문들이다. 왜냐하면 우리가 다룰 이 구절들이야말로 자신의 학자적 명성과 지성인으로서의 "이미지"에 대해 염려하는 기독교 교육자들에게 실제적인 "가공할 만한" 위협이 되기 때문이다. 기독교 대학에 포진해 있는 배교한 근본주의자들은 죽는 것보다 조롱당하는 것을 더 두려워하고, 이 성경 구절들은 그들에게 "감추어진 성경," 곧 가르치거나 설교하는 것은 고사하고 읽지도 언급하지도 말아야 할 금지된 책이 된 것이다. "감추어진 성경"은 현대 라오디케아 교회 시대의 근본주의자들에게 가장 무서운 공포의 대상이다. 이 책을 읽으면 왜 그런지 이해할 수 있을 것이다.

이 책에 인용된 성경구절은 〈한글킹제임스성경〉입니다.

목 차

제 1 장

지옥으로 간 호전적인 근본주의자

『**그들이** 하나님을 **안다고 고백하나 행위로는 부인하나니, 가증한 자요, 불순종하는 자요, 모든 선한 일에 버림받은 자들이라**』(딛 1:16).

우선, 하나님께서 한 설교자에게 전할 바를 말씀하신 일을 다루는 성경 본문에서 시작하는 것이 이 공부를 하는 올바른 기반이라 생각한다. 이렇게 하는 것이 어쩌면 너무 문제를 유치하게 만든다거나 우리가 논의하려고 하는 이 중요한 주제를 너무 단순화시키는 것 아니냐라고 생각할 수 있다. 하지만 우리가 펴 낸 주석서 시리즈를 읽고 공부한 사람이라면 누구나, '실제로 성경이 무엇이라고 말씀하시는가'와 사람들이 '성경이 이렇게 가르친다고 생각하는 바'와는 소위 "신뢰도의 간격"이 있다는 것을 알 것이다. 필자가 매달 출간하는 〈성경대로 믿는 사람들의 게시판, *Bible Believers' Bulletin*〉이나 한국의 〈성경대로 믿는 사람들〉을 구독하는 그리스도인이라면 누구나, 히브리어 학자나 헬라어 학자가 아무리 잘 교육받고, 또 훌륭한 학자적 자질을 갖췄다 할지라도, 〈킹제임스성경〉의 본문과 학자들이 하나님께서 주신 원문에 가한 "수정들"을 비교해 보면 그들의 동기와 의도가 무엇인지 판별할 수 있다는 것을 잘 알 것이다. 〈킹제임스성경〉의 어떤 판을 사용해도 마찬가지다. 1983년 토마스넬슨(Thomas Nelson and Sons) 출판사는 1611년에 출간된 그대로의 〈킹제임스성경〉을 펴냄으로써 〈킹제임스성경〉의 단어와 표현들이 수정되었고 현재와 다르다는 인상을 주려고 했으나, 그들이 출간한 것은 정확하게 복원한 판본이 아닐 뿐더러, 그런 것은 우리가 여기서 다루려고 하는 문제와는 아무런 관계가 없다. 초등학교 6학년 정도의 교육 수준을 가진 성경대로 믿는 그리스도인이라면 누구라도 〈킹제임스성경〉을 펴서 10구절 정도만 비교해 봐도 ASV, NASV, NKJV, NIV와 그와 유사한 현대 번역본들이 얼마나 패역하고 변개된 것인지 확인할 수 있다.

우리는 하나님께서 말씀하신 "말씀들"을 다루는 일련의 구절들에서 시작할 것이다. [필자가 복수로 "말씀들"(words)이라고 표현했음을 주목하라. 대문자 단수로 하나님의 "말씀"(the Word of God)은 성경에서 예수 그리스도를 의미한다. 그러나 신정통주의자들은 이 표현을 기록된 말씀들 하나하나의 문자적 중요성을 떨어뜨리는 표현으로 오용한다.] 사탄 또한 하나님의 말씀들을 공격하면서 인류에게 접근했기 때문에(창 3:1), "하나님의 말씀들"이라는 중대한 주제를 다루는 곳에서 시작함이 마땅하다. 이 영적 존재, 곧 사탄은 "지혜가 완전하고"(겔 28장) "다니엘보다 지혜로워서"(겔 28:1-4), 6,000년 인류 역사에 걸쳐 지구상에 사는 가장 훌륭하며 가장 지혜로운 지성인들도 속일 수 있음을 증명해 왔다. (곧 예수 그리스도를 제외한 모든 인류가 여기에 해당한다.) 만약 그렇다면 당연히 사탄은 사람들이 성경을 알든지 모르든지 성경을 다룸에 있어서 어디서 시작해야 할지 알 것이다.

우리는 여기서 미국에 있는 모든 보수주의, 복음주의, 근본주의 대학과 신학교와 신학대학원에서 학사와 석박사 학위를 받은 졸업생들이 단 한 명의 예외도 없이 전혀 모르고 있는 성경 본문을 제시하고자 한다.

이 본문은 그들에게 너무 수수께끼 같아서 "구" 스코필드주석성경과 "신" 스코필드주석성경의 편집위원들도 모르고 근본주의 학자, 보수주의 학자, 복음주의 학자 중에서도 이 본문에 관하여 지성인다운 그럴법한 주석을 단 사람은 한 명도 없다.

이쯤에서 혹자는 이렇게 속으로 말할지도 모른다. "럭크만 형제님, 그래서 형제님은 성경의 어려운 본문을 해석해 주면서, 결국 형제님이 얼마나 똑똑한지 자랑하고 다른 훌륭하고 경건한 학자들은 멍청하다고 비평하려는 것 아닙니까?"

그렇지 않다. 감사하게도 피터 S. 럭크만보다 훨씬 더 훌륭한 성경 해석자가 계시다. 독자는 필자처럼 어리석은 사람에게 성경 해석을 의존하지 않아도 괜찮으니 마음 푹 놓으라. 히브리어, 헬라어, 필사본 증거를 30년 동안 가르친 이 구원받은 죄인보다도 훨씬 더 훌륭한 성경 해석자가 계시다. 우리는 고작 히브리어, 헬라어, 필사본 증거 정도를 아는 그 정도의 얕은 인간에게 성경 해석을 의존할 필요가 없다. 얼마나 감사한 일인가! 잉글리쉬(English), 씨다홈(Cedarholm), 고다드(Gothard), 왈부드(Walvoord), 맥아더(MacArthur), 스윈들(Swindle),

맥기(McGee), 섬너(Sumner), 스트라우스(Strauss) 등의 거짓 교리들이나 오류들을 바로잡기 위해서 "럭크만"이나 "럭크만파"에게 의존할 필요가 없다.

어떤 근본주의자나 그 어떤 학자라도 성경의 진리에서 단 일 인치라도 벗어나면 그것을 바로잡아 줄 절대무오한 "기준"이 우리같이 어리석은 사람들에게 있음이 얼마나 감사한 일인가! 지금부터 살펴볼 본문을 보면 이런 분이, 이런 기준이 있음이 얼마나 감사한 일인지 명확하게 알게 될 것이다.

자, 이제 성경을 펴 보자.

민수기 22장에 보면, 발락이라는 한 이방 왕이 자기 나라의 경계에 60만 명의 무장한 사람들이 갑자기 나타난 것을 보고 화가 나 있는 모습이 나온다(민 22:1-4). (발락은 적그리스도의 예표 중 하나다. 필자의 〈짐승의 표〉에서 모압의 크리욧 출신의 시리아계 유대인에 관한 설명을 보라) 그래서 그는 사람들을 보내서 한 점쟁이를 불러오는데, 이 자는 성경에서 얼마나 중요한 인물인지 신약에서 세 번이나 언급되었다. 시몬 베드로가 한 번(벧후 2장) 유다가 한 번(유 1:11) 사도 요한도 한 번 언급했다(계 2:14).

스코필드주석성경도 이 세 구절을 언급하고 있다. 이 구절들을 보면 발라암의 "길"과 발라암의 "잘못"과 발라암의 "교리"를 말하고 있다. 지금까지는 다 좋다. "헌신적인 보수주의자들"로 구성된 경건한 편집위원회가 "자격 있는 권위자들"과 함께 만나서 "역사적인 근본주의자의 입장"을 대변한다 하지 않는가! 그런데 갑자기 그들이 다루려는 본문 중간에 하나님께서 말씀하신 말씀들(spoken words)과 관계된 최종권위의 문제가 툭 튀어나오는 게 아닌가! 이제 여기에 이어지는 흥미진진한 사건을 읽어 보자.

『하나님**께서 발라암에게 임하여 말씀하시기를 "너와 함께한 이 사람들이 어떤 사람들이냐?" 하시니, 발라암이** 하나님**께 말씀드리기를 "모압 왕 십폴의 아들 발락이 내게 보내어 말하기를 '보라, 이집트 땅에서 나온 한 백성이 있는데, 지면을 덮었으니, 이제 와서 나를 위하여 그들을 저주하라. 혹시 내가 그들을 이길 수 있어서 그들을 쫓아내리라.' 하나이다." 하였더니,** 하나님**께서 발라암에게 말씀하시기를 "너는 그들과 함께 가지 말고 그 백성을 저주하지도 말라. 그들은 복을 받았느니라." 하시더라. 발라암이 아침에 일어나서, 발락의 고관들에게 말하기를 "너희는 너희 땅으로 돌아가라. 이는 주께서 내가 너희와 함께 떠나는 것을 허락하지 아니하시기 때문이라." 하니, 모압의 고관들이 일어나 발락에게 가서 말하기를 "발라암이 우리와 함께 오기를 거절하더이다." 하더라**』(민 22:9-14).

위의 본문을 꼼꼼하게 다시 읽어 보라. 표면적으로는 두드러지게 잘못되거나 특이한 구석이 없어 보일 것이다. 적어도 지난 200년 동안 22년간의 정규교육을 받은 근본주의와 보수주의 학자들은 아무도 본문에서 특이한 점을 발견하지 못했다. 만약 필자가 하는 말이 의심스럽다면, 방법은 간단하다. 기독교서점에 가서 무작위로 민수기 주석서를 20권 정도 찾아 22장에 대한 주석을 살펴보라. 또한 최근에 나온 45개 정도의 변개된 현대 영어 성서들의 번역과 설명도 한번 살펴보라. 그들이 어떤 특이한 점을 말하는지 보라. 이 구절들 다음에 일어나는 사건을 고려할 때, 분명히 누군가는 9절에서 14절의 본문에서 뭔가 잘못되어도 상당히 잘못된 것을 발견했어야 했다. 학자들이 특이한 점을 발견하지 못한 것은, 하나님의 말씀들에 불순종하는 이 사건을 그들 모두가 긍정적인 태도로 읽었기 때문이다.

이 구절들 다음에 오는 내용을 보라.

『**발라암이 발락의 신하들에게 대답하여 말하기를 "발락이 내게 은과 금으로 가득 찬 그의 집을 준다 해도, 내가 주 나의** 하나님**의 말씀을 벗어나서 덜 행하거나 더 행할 수 없노라. 그러므로 이제 내가 너희에게 청하노니, 너희도 이 밤을 여기서 묵으라. 나도 주께서 내게 무엇을 더 말씀하시는지 알아보리라." 하더라. 밤에** 하나님**께서 발라암에게 임하여, 그에게 말씀하시기를 "만일 사람들이 너를 부르러 오면, 일어나서 그들과 함께 가라. 그러나 너는 내가 너에게 하는 말만 할지니라." 하시니**』(민 22:18-20).

그 다음에는 이 구절들이 이어진다.

『**발라암이 주의 천사에게 말하기를 "내가 죄를 지었나이다. 당신께서 나를 막아 길에 서신 것을 내가 몰랐사오니, 그러므로 이제, 당신이 이를 기뻐하지 아니하시면, 나는 다시 돌아가겠나이다." 하니, 주의 천사가 발라암에게 말하기를 "그 사람들과 함께 가라. 그러나 너는 내**

가 너에게 말하는 것만 말할지니라." 하니라. 그러므로 발라암이 발락의 고관들과 함께 가더라』(민 22:34-35).

이것으로 충분하지 않다면, 22장 끝에서 발라암이 적그리스도의 모형인 자를 만나서 하는 말을 들어보라.

『**발라암이 발락에게 말하기를 "보소서, 내가 당신께 왔으나, 내게 무엇을 말할 수 있는 능력이 조금이라도 있으리이까? 나는** 하나님**께서 내 입에 넣어 주시는 말씀을 말하리이다." 하고**』(민 22:38).

자, 그러면 이제 독자는 지금까지 살펴본 구절들을 다시 읽으면서 스스로에게 물어보라. "하나님의 말씀들에 최초로 의심을 품고 그 말씀들을 변개시킨 사탄과 관련된 일이 이 본문에서 일어나고 있지는 않는가?" "이것이 바로 이 본문이 말하고자 하는 그 '핵심'이 아닐까?" 다시 본문을 보라.

1. 『**그러면 주께서 내게 <u>말씀하시는</u> 대로**』(8절)
2. 『하나님**께서 발라암에게 <u>말씀하시기를</u>**』(12절)
3. 『**주께서 내가 너희와 함께 떠나는 것을 허락하지 아니하시기 때문이라**』(13절).
4. 『**내가 주 나의** 하나님**의 <u>말씀</u>을 벗어나서 덜 행하거나 더 행할 수 없노라**』(18절).
5. 『**나도 주께서 내게 무엇을 더 <u>말씀하시는지</u> 알아보리라**』(19절).

6. 『**그러나 너는 내가 너에게 하는 말만 할지니라**』(20절).

7. 『**너는 내가 너에게 말하는 것만 말할지니라**』(35절).

8. 『**나는** 하나님**께서 내 입에 넣어 주시는 말씀을 말하리이다**』(38절).

다시 앞에서 제시된 본문들을 보고 말해 보라. 민수기 22장의 주제를 알기 위해 정말 대학 교육이 필요한가?

본문은 분명 신구약에서 사역으로 부르심을 받는 것을 다루고 또한 설교자로 "부르심을 받아"(딤후 4:1-6) 전파해야 할 메시지의 내용을 다루는 본문들 중의 하나다. 소위 "축자 영감"(verbally inspired)이나 "완전히 영감받은 원본"(plenary originals)과 그것을 설교하라고 부르심을 받은 자가 그것을 전파해야 하는데, 그것을 망쳐 버린 사건을 다루는 본문이 바로 여기다.

하나님께서 주신 말씀을 수정하기 좋아하는 근본주의 혹은 보수주의 교수들과 설교자들에게는 이런 본문이 피비린내 나는 전장이 될 수밖에 없다. 이 말을 제대로 새겨 두라. 지구상에 있는 그 어떤 거듭난 전천년주의적 근본주의자도 그가 성경을 고치는 데 조금이라도 시간을 썼다면 이와 같은 본문을 설명할 수 없다. 민수기 22장은 바로 테네시템플, 산타로사 신학교의 교수진들을 태풍처럼 쓸어 버리고, 밥존스대학과 달라스, 포트워쓰, 루이스빌 등에 있는 신학교의 졸업생들은 전적으로 무지하고 쓸모 없는 자들이라고 정죄하고 있는 것이다.

1. 『**주께서 내게 보여 주시는 것은 무엇이나 내가 당신께 말하리이다**』(23:3).

2. 『**발락에게 돌아가서, 너는 이렇게 말하라**』(23:5).

3. 『**주께서 내 입에 넣어 주신 것을 말하도록 주의해야 하지 않겠나이까?**』(23:12)

4. 『**발락에게 다시 가서 이렇게 말하라**』(23:16).

5. 『**주께서 무엇이라고 말씀하시더냐?**』(23:17)

그렇다. 발라암의 태도는 창세기 3장에서 사탄이 말했듯이, "참으로 하나님께서 그렇게 말씀하셨느냐?"였다.

소위 "캘리포니아의 성경 해석가들"이라고 불리는 스윈들, 맥아더, 맥기 등은 이 본문을 해석하려는 시도조차 하지 않았다. 저드슨(Judson), 스텟슨(Stetson), 하워드(Howard), 클라크(Clark), 머써(Mercer), 웨이크 포레스트(Wake Forrest) 등의 신학교에서 공부한 사람들도 이 구절들에 대해서 전혀 아는 바가 없다. 힌드슨(Hindson)과 돕슨(Dobson)도 히브리서 6장과 10장처럼 이 본문에 전혀 손도 못대고 있다.

민수기 22장은 하나님께서 한 사람에게 하나님께서 말씀하신 말씀들(words)을 전파하라고 부르신 사건을 다루고 있다. ("믿음의 근본 사항들"이 아니다.) 민수기 22장과 23장은 믿음 없는 근본주의자들, 곧 성경 비평가들과 헬라어 교수들, 성경 주석가들과 해석자들, 위클리프 번역 위원회, 현대의 변개된 성서들의 개정 위원들을 다시 창세기 3:1의 상황으로 몰고 간다.

"참으로 하나님께서 그렇게 말씀하셨느냐?"

성경 전체에서 누군가가 하나님께서 그에게 약속을 주시고 그것을 믿을 것을 말씀하신 가장 위대한 본문이 바로 민수기 23장의 발락과 발라암의 대화 중간에 나온다는 사실을 알고 있는가? 신구약 전체에서 기록되거나 발설된 하나님의 말씀들을 믿어야 하며 하나님께서 주신 약속들을 믿어야 함을 다루는 가장 위대한 구절은 바로 이 구절이다.

『하나님**은 사람이 아니시니 거짓말하지 않으시며 또 사람의 아들이 아니시니 후회가 없으시도다. 그분이 말씀하신 것을 행하지 않으시랴? 또한 이르신 것을 이루지 않으시랴?**』(민 23:19)

이 구절은 죽어서 지옥에 간 거짓 선지자가 한 말이다(벧후 2:15-17).

성령께서는 이 "감추어진" 성경의 본문에서 하나님의 말씀들이 어떤 교훈을 전달하고 있는지 아무도 못 알아보는 자가 없도록 강력하고 명확하게 보여 주고 계시다.

1. 『**내가 당신에게 고하기를 주께서 말씀하신 모든 것을 내가 꼭 해야 된다고 말하지 않았나이까?**』(23:26)

2. 『하나님**의 말씀들을 들은 자... 자기 눈을 뜬 자가 말하였도다**』(24:4).

3. 『**나는 주의 말씀을 어겨서 선악 간에 내 임의로 행할 수 없고**』(24:13)

4. 『**주께서 말씀하신 것을 내가 말하리라**』(24:13). 열왕기상 22:14에 나오는 호전적인 근본주의자였던 훌륭한 주의 선지자 미카야가 한 말처럼 들리지 않는가?

5. 『하나님**의 말씀들을 들은 자... 자기 눈을 뜬 자가 말하였도다**』(24:16).

발라암이 위에 말한 그대로 믿었다면 발라암은 19세기와 20세기를 살았던 그 어떤 성경대로 믿는 호전적인 근본주의자보다 더 훌륭한 믿음을 가진 것이다.

하나님의 사람들이 성경 말씀들을 전파해 온 이래로 위의 구절들은 가장 그럴 법하지 않으면서 동시에 가장 놀라운 사건을 다루고 있는 것이다. 여기서 하나님의 말씀을 전파하는 사람은 하나님의 영으로 그 일을 하고 있다(24:2). 또한 그는 하나님의 말씀들을 들었다(24:4). 그는 미래를 본다(24:4). 진리를 말한다(24:4-9). 하나님의 전가된 의에 관한 계시를 받는다(23:21). 또한 하나님의 명령에 순종한다(23:2). 그는 또한 정확하게 하나님께서 그에게 전하라 하신 것을 전한다(24:13). 게다가 예수 그리스도의 두 번의 오심에 관한 지식을 가지고 있다(24:17). 그런데 그는 설교를 마친 후 전투에서 죽더니(민 31:8) 바깥 흑암에 내던져지는 것이다(판 7-11장).

어떻게 "성도들에게 단번에 전해진 믿음"을 위해서 담대하게 싸운 이처럼 위대한 "믿음의 영웅"인 근본주의자가 이렇게 죽을 수 있단 말인가?

스코필드주석성경 편집위원회는 본문에 와서는 완전히 어쩔 줄 모르고 정신을 잃어버리더니 성경적인 설명을 전혀 달지 못하고 넘어간다. 구 스코필드주석성경과 신 스코필드주석성경 편집위원회 둘 다 전혀 감도 못 잡고 있다.

『주의 천사가 그에게 말하기를 "어찌하여 너는 네 나귀를 이처럼 세 번 때렸느냐? 보라, 내가 너를 막으려고 나갔으니, 이는 너의 길이

내 앞에 패역함이라. 나귀가 나를 보고 내게서 이렇게 세 번이나 돌이켰느니라. 나귀가 내게서 돌이키지 않았더라면, 지금쯤에는 내가 너를 분명히 죽이고 나귀는 살렸으리라." 하니라. 발라암이 주의 천사에게 말하기를 "내가 죄를 지었나이다. 당신께서 나를 막아 길에 서신 것을 내가 몰랐사오니, 그러므로 이제, 당신이 이를 기뻐하지 아니하시면, 나는 다시 돌아가겠나이다." 하니』(민 22:32-34).

이 "위대하고 선하며 경건하고 헌신적이며 자격 있는 성경학자들"이 깨닫지 못한 것은 '왜 하나님께서 발라암에게 발락이 보낸 고관들과 함께 가라고 하시고 나서는(민 22:20) 발라암이 그들과 함께 갔다는 이유로 그를 죽이려 하셨는가?'이다(민 22:33).

예를 들어서 버지니아 주 린치버그의 리버티 대학의 성경학부 교수였던 해롤드 윌밍턴을 보라. 그는 무디성경신학원, 컬버 스탁튼대학, 캘리포니아신학대학원, 트리니티복음주의대학, 애쉬랜드신학대학, 달라스신학대학 등에서 수학했다.

그런 그가 이 본문을 만나더니 중학교도 못 다닌 히피처럼 줄행랑을 놓는다.

이 불쌍하고 무지한 자가 설명이라고 해 놓은 것은 고작 이것이다. "사자들에게 밤을 유숙하라고 요청한 후에, 발라암은 그가 바랐던 허락을 얻어내지만 하나님께서 그에게 하라고 하신 말씀만 하라는 경고를 받는다."(〈Liberty Bible Commentary〉, Old Time Gospel Hour, 1982, p.296).

발라암이 자신의 메시지의 내용에 대해서만 경고를 받고 허락을 얻었다고 인정했으나, 해롤드 윌밍턴은 더 이상 설명을 하지 못한다. 31-35절에서 완전히 얼어버려서 단 한 단어도 설명을 달지 못하고, 전혀 본문과 관계 없이 그리스도에 관해서만 논하며, 구약에서 자신이 범죄했다고 말한 일곱 명의 사람들을 다룰 뿐이다.

40년간 정규 교육을 받은 것이 발라암에게나 해롤드 윌밍턴에게 아무런 도움도 되지 못한 것이다.

이 본문을 해석함에 있어서는 페팅길(Pettingill), 스코필드(Scofield), 잉글리쉬(English)나 에드 힌드슨(Ed Hindson)도 모두 무지하다.

스코필드주석성경 편집위원회는 전혀 관계 없는 "허락하신 뜻과 직접적인 뜻"에 관한 것이라고 노래를 부른다. 신 스코필드주석성경은 발라암이 가는 것이 하나님의 허락하신 뜻이었고 또한 그가 가는 것이 하나님의 직접적인 뜻이었는데(22:12), 하나님께서 그에게 가라고 허락하신 후에 그를 죽이려고 하셨다고 말한다(민 22:20).

사도 바울이 하나님의 직접적인 뜻을 거역하면서 예루살렘으로 간 것을 성경에서 읽었으면서도(행 21-26장), 이런 종류의 말도 안 되는 해석을 하고도 이들은 서로를 성경 "학자"라고 부르고 있는 것이다!

필자가 수도 없이 단언했듯이, "당신이 성경을 망가뜨리려고 덤비면 하나님께서는 당신의 지성을 망가뜨릴 것이다." 하나님은 혹자가 근본주의 혹은 보수주의 학자든, 그가 유수한 대학과 신학대학원을 몇 개나 다니고 학위를 몇 개나 땄든지 그를 존중하시는 분이 아니다. 하나님께서는 〈킹제임스성경〉을 자기 생각대로 고치려 드는 모든 "거듭나고 성경을 믿는 근본주의자"의 지성을 망가뜨리신다. 그가 "축자적으로 완전히 영감받은 원본"을 믿는다고 해도 상관없다. 하나님께서는 이런 근본주의자들의 지성을 짐 존즈, M.M. 오헤어, 타이니 팀, 월터 몬데일, 테드 케네디, 아돌프 히틀러, 제시 잭슨 등과 같은 자들처럼 망가뜨리실 것이다.

본문에 실족하여 말도 안 되는 주석을 닮으로써 신학적 자살을 기도하는 이 구원받은 학자들이 정신병자라는 말이 아니다. 다만 우리가 다루는 민수기 22-24장에서 보여 주듯이 하나님께서 말씀하신 말씀들과 관계된 최종권위의 문제에 있어서는, 이 근본주의 학자들처럼 성경을 가지고 장난치다가 다치지 말라는 것이다.

독자들도 잘 알듯이 우리는 〈킹제임스성경〉의 어떤 판도 지구상에 있는 모든 로마카톨릭, 개신교, 가짜 근본주의, 복음주의, 자유주의, 근본주의, 보수주의, 현대주의, 신근본주의에 속한 모든 헬라어 학자나 히브리어 학자들을 다 모은 것보다 더 우수하다고 믿는다. 그러면 보수적인 근본주의자가 설교하라고 부르심을 받았다가 거의 죽을 뻔한 민수기 22장에서 도대체 무슨 일이 있었는지 살펴보자. 이번에는 제리 폴웰(Jerry Falwell)의 학교에 고용된 교수 해롤드 윌밍턴 박사가 한 것처럼 31-36절에 대해 '자다가 봉창 뜯는 소리' 따위는 인용하지 않을 것이다. 우리는 〈킹제임스성경〉의 본문을 사용할 것이며 (어떤 판이든 상관없다), 〈킹제임스성경〉의 구절들이 세상에 있는 모든 설교자와 성경교사와 주석가와 목사, 주교, 개정위원, 번역위원, 신부, 편집장, 출판인, 성경 해석가를 정확하게 심판하는 것을 볼 것이다.

『하나님**께서 발라암에게 말씀하시기를 "너는 그들과 함께 가지 말고 그 백성을 저주하지도 말라. 그들은 복을 받았느니라." 하시더라.**

발라암이 아침에 일어나서, 발락의 고관들에게 말하기를 "너희는 너희 땅으로 돌아가라. 이는 주께서 내가 너희와 함께 떠나는 것을 허락하지 아니하시기 때문이라." 하니, 모압의 고관들이 일어나 발락에게 가서 말하기를 "발라암이 우리와 함께 오기를 거절하더이다." 하더라』 (민 22:12-14).

위의 구절들을 읽었는가?

이 구절들은 이 장의 시작에 나온 구절들이다. 독자는 "왜 다시 써 놓았지?"라고 물을 것이다. 그 이유는, 31절에서 36절을 주석해 놓은 것을 볼 때 모든 근본주의 학자들이 마치 이 구절들을 한 번도 읽어 보지 못한 것처럼 행하기 때문이다. 하나님께서 발라암을 그의 설교자로 부르셨을 때 (하나님께서는 발라암에게 이전에도 여러 번 자신을 나타내신 것으로 보인다, 민 22:6,9), 하나님께서는 발라암에게 "요지가 세 개인 개요"를 주시면서 그에게 말씀을 전파하라고 하신 것이다. 어쩌면 발라암은 그가 전파할 말씀을 위해 "기도의 골방에서 무릎을 꿇고" 있었는지도 모른다. 성경을 읽을 수만 있다면 명명백백한 개요를 추려내지 못할 사람이 없다. 물론 달라스신학원, 리버티대학, 밥존스대학, 일반침례교교회연합(GARBC), 미드웨스턴신학대학, 피드먼트신학교, 무디성경신학원, 휘튼대학, 풀러신학교, 필즈베리신학교, 비올라대학, 하바드대, 예일대, 테네시템플대학의 교수진들과 C.I. 스코필드, 스윈돌, 맥아더, 굿스카이, 레만 스트라우스, 웨버, 아이언사이드, 씨다홈과 J. 버논 맥기 등의 한다 하는 성경 해석가들은 전혀 깨닫지 못했다.

개요 #1: "가지 말라."

개요 #2: "이스라엘을 저주하지 말라."

개요 #3: "이스라엘은 축복받았다."

다시 확인해 보자. 위의 제시한 구절을 읽었는가? 어떻게 이보다 더 쉬울 수 있는가? 12절에는 전혀 어려운 부분이 없다. 다시 읽어 보고 악명 높은 "럭크만"이 정말 이단 교리를 가르치는지 확인해 보라. 처음부터 하나님의 "허락하시는 뜻"이나 "직접적인 뜻"에 있어서 전혀 혼란스러운 부분이 없다. 하나님께서는 발라암에게 요지가 세 개인 설교를 전달하게 하신 것이다.

그렇다면 발라암은 그렇게 설교하였는가?

빌리 그래함, 지미 스와거트, 프랭크 노리스, 제리 폴웰, 잭 하일스, 존 R. 라이스, 리 로버트슨, 밥 존스 시니어, T.T. 쉴즈, 모데카이 햄, 렉스 험바드, 오랄 로버츠, 달라스 빌링턴 등은 하나님께서 그들에게 전파하라고 하신 메시지를 전달하였는가? 세 개의 요지 모두를 전달하였는가?

발라암처럼 『**내가 주 나의** 하나님**의 말씀을 벗어나서 덜 행하거나 더 행할 수 없노라.**』고 고백하고(민 22:18) 또한 『**나는** 하나님**께서 내 입에 넣어 주시는 말씀을 말하리이다.**』라고(민 22:38) 공개적으로 말하는 사람이라면 분명 대단히 훌륭한 근본주의자일 것이다. 그렇게 "용감하고 담대하며 호전적인 근본주의자"라면 당연히 하나님께서 말씀하신 것 이상을 넘어서지 않을 것이며 또한 하나님께서 말씀하신 것에서 뭔가를 빠뜨리지도 않을 것이다. 당연히 하나님께서 부르신 설교자는 히브리어나 헬라어나 아람어를 몰라도 초등학교 4학년이면 알 수 있고 요지가 세 개인 메시지를 전달하는 데 전혀 어려움이 없을 것이다. 그의 고백으로 볼 때 발라암은 하나님의 말씀들을 믿고 그 말씀들에 더하지도(잠 30:6) 빼지도 않을 것이라고(계 22:19) 말했던, 성경을 믿는 사람이었다.

발라암은 20세기 "세계 근본주의 대회"를 주최하는 회장으로도 손색이 없을 만큼 훌륭한 고백을 했다. 그런데 발라암은 "성경의 권위"에 대한 강력한 메시지를 전파하고 강단에서 내려오자마자, 곧바로 바깥 흑암으로 던져진 것이다(벧후 2:17).

왜인가? 간단하다. 그의 고백은 실제로 그가 믿는 바와 전혀 달랐기 때문이다. 그는 하나님의 말씀을 죽지 않으려고 "사용"했을 뿐이다. 발라암은 하나님의 말씀을 전파했지만, 그것은 쉽게 말해서 하나님께서 그의 관자놀이에 실탄이 장전된 권총을 들이대고 나서야 그렇게 한 것이다!(민 22:31) 즉 발라암이 가졌던 의지와 반대로 하나님께서 그가 전파하기 싫어하는 것을 강제로 전파하게 하신 것이다. 발라암이 하나님의 말씀을 전파하려 하지 않았던 이유는 매우 간단하다. 바로 그의 "수입"에 문제가 생기기 때문이었다. (이는 우리가 지난 반 세기 동안 〈킹제임스성경〉에 대한 믿음을 전파하자, 기독교대학들과 신학교들이 실제로는 믿지 않는 〈킹제임스성경〉을 울며 겨자 먹기로 사용한다고 광고해야 했던 것과 같다.)

이제 "축자적으로 완전히 영감받은 원본"이 무엇이라 말씀하시는지 알겠는가?

그렇다. 하나님께서 이 배교한 근본주의자에게 요지가 세 개인 말씀을 주시면서 설교하라고 하시자(민 22:12), 발라암은 의도적으로 뻔뻔하게 나중에 그가 고백한 모든 신조를 위반하면서 범죄했다. 그는 하나님께서 그분의 입으로 요지가 세 개인 말씀을 주시자마자 원래의 메시지에서 그 중 요지 두 개를 삭제해 버렸고(민 22:13) 실제로 전할 때는 단 하나의 요지만 전달한 것이다. 『**이는 주께서 내가 너희와 함께 떠나는 것을 허락하지 아니하시기 때문이라.**』 이것이 전부다. 더 이상 전파하지 않았다.

발라암은 "하나님의 영감으로 주신 원본"의 삼분의 이를 쓰레기통에 집어던진 것이다. 현대의 원문비평학계에 유포된 거짓 이론을 비유로 들자면, 발라암은 하나님께서 말씀하신 말씀들이, 곧 "원본"이 여러 "원문 계열"들을 조합하여 다듬은 "루시안 개정"으로 안티옥에서 만든 "상충되는 원문"(conflate text)일 뿐이라고 생각했던 것이다. 즉 발라암은 웨스트코트와 홀트, A.T. 로버트슨, 로버트 섬너, 케네스 웨스트, 존 R. 라이스, 알란드, 메츠거, 캐넌, 조디에이츠, 밥 존스 3세와 그 동류들과 똑같았던 것이다.

"축자 영감받은 원본"이 다윈과 아인슈타인과 전미교육협의회(NEA)와 후천년주의자 모두가 깜짝 놀랄 "진화"를 한 것이다. 요지가 세 개였는데 하나밖에 없게 된 것이다(민 22:13). 그러나 적어도 하나의 요지에서는 주님을 인정했다. 『**주께서... 허락하지 아니하시기 때문이라.**』 즉 변개된 성서들을 옹호하는 자들이 한결같이 말하듯이 "변개된 원문에서도 주요한 '믿음의 근본사항'을 여전히 찾을 수 있다."는 것이다. ASV, NASV, RSV, NRSV, NIV, NWT, NEB 등을 옹호하는 자들은 모두 이렇게 말한다. 그러나 모압의 고관들이 그들의 왕에게 돌아갔을 때 그들은 그에게 단지 『**발라암이 우리와 함께 오기를 거절하더이다.**』라고만 말했다(민 22:14).

『**주**』라는 단어가 어떻게 되었는지 보았는가?

쉽다(13절). 주 하나님께서 그분 자신의 책에서 삭제되신 것이다(ASV, NASV, 개역한글판, 개역개정판 등에는 성육신을 증명하는 디모데전서 3:16에서 『하나님』이라는 단어가 사라졌다. NKJV, NRSV에서도 사도행전 4:27에서 『**아들**』(child)이라는 단어가 변개되었다.)

발라암이 "필연적인 개연성"을 "가이드라인"으로 사용하여 "학자적으로" "원문 복구"를 이처럼 이룩했으나, 하나님께서는 발라암이 진리를 전할 수 있는 두 번째 기회를 주신다.

스코필드와 그의 주석성경 편집위원회들이 전혀 깨닫지 못한 사건 전개를 살펴보자. 발라암은 하나님께서 자신에게 전파하라고 하신 대로 말하겠다고 맹세하고(민 22:18) 그 전파할 바를 받고도(민 22:12) 자신의 수입에 문제가 생긴다는 이유로 그 중 삼분의 이를 삭제하고 생략해 버렸다. 이 자는 이런 일을 자행하고도 『**너희도 이 밤을 여기서 묵으라. 나도 주께서 내게 무엇을 더 말씀하시는지 알아보리라.**』고 감히 말한다(민 22:19). 어떻게 무디성경신학원, 휘튼대학, 풀러대학, 밥존스대학, 테네시템플대학, 일반침례교교회연합, 퍼시픽코스트신학교 등의 교수진 중 단 한 명도 이런 윤리적 패역을 알아보지 못했단 말인가? 그렇다면 이들 교수진들도 하나님의 말씀들이 주는 계시들을 전달함에 있어서 발라암만큼이나 부도덕하기 때문에 이를 감지하지 못한 것이 아니겠는가?

하나님께서 주신 첫 번째 임무에 신실하지 못하고, 그의 "회중"에게 하나님께서 주신 "메시지"에 대해 거짓말하고, 하나님께서 그에게 전파하라고 주신 하나님의 말씀들을 전파하기를 거절하고도, 이 "용감하고 담대하며 호전적인 믿음의 수호자"는 하나님을 만나려고 다시 "기도의 골방"에 들어가 더 설교할 내용을 얻기 위해 계시를 더 주십사 간구했던 것이다. 이자는 하나님께서 다시 전파할 계시를 주셔도 그것을 전파할 때 자신이 신실하지 않을 것임을 이미 알고 있었다. 적용을 하자면, 발라암은 하나님께서 (〈한글킹제임스성경〉이나 영어 〈킹제임스성경〉처럼) 자신의 모국어로 주신 계시를 전달하기 싫어하면서 (오늘날의 히브리어, 헬라어 학자들처럼) "원본"에 더 많은 "조명"을 달라고 구하는 자와 같은 것이다. 오늘날 유럽과 미국과 한국의 신학교들에 교수진으로 포진해 있는 교수들의 방식들과 동기들과 특징을 이 말씀보다 더 명확하게 묘사한 글은 지구상에 존재하지 않는다.

오늘날 신학교의 교수들은 그들이 모른다 할지라도 발라암과 정확하게 닮은 꼴인 것이다.

이것이 다가 아니다. 스코필드주석성경의 편집위원회가 깨닫지 못한 진리를 깨달았기 때문에 우리는 이제 31절부터 36절에 이르는 본문도 이 소경들보다 더 성경적으로 이해할 수 있게 되었다. "원본"을 운운하는 이 걸스카우트들은 그들 자신의 죄들에 대해 너무나 깊이 찔림을 받아 그들의 학생들과 추종자들의 주의를 다른 곳으로 돌릴 이야깃거리가 필요했던 것이다. 스코필드주석성경 편집위원회가 우리에게 설명하는 것은 고작 발라암이 "자기 의지와 자기 유익을 위한 길을 택했으며 여호와께서 그를 엄히 꾸짖을 수밖에 없었다."이다.

성경적인 주석이 아니라 뻔뻔한 거짓말이다.

민수기의 이 장에서나 다음 장은 스코필드주석성경이 말하는 "하나님의 허락하신 뜻"과 "하나님의 직접적인 뜻"을 단 한 번도 관련된 주제로 다루지 않는다. 이 본문에서 다루고 있는 것은 스코필드주석성경 편집위원회나 〈Liberty Bible Commentary〉를 쓴 사람들과 같은 설교자가 그가 전파할 하나님의 말씀들을 받고서, 헬라어 원어 사전들을 놓고 자기가 가서 정확히 그 말씀들을 전파하겠노라고 고백한 후에, 자신이 받을 잠재적인 손해가 무서워서 그 말씀들을 전파하길 거절한 일을 다루고 있는 것이다. 즉 설교자 자신의 수입과 이미지가 손상당할까봐 하나님의 말씀들을 온전히 전하지 않은 것이다.

하나님께서는 발라암에게 자비를 베푸셔서 추가적인 계시를 주신다. 그러나 이 계시는 시한폭탄과 같다. 『**만일 사람들이 너를 부르러 오면, 일어나서 그들과 함께 가라.**』

윌밍턴과 스코필드와 그들을 신뢰하고 그들과 유사한 사람들이 발견하지 못한 성경적인 조건들을 보라.

1. 『**만일 사람들이 너를 부르러 오면**』이라고 하였다. 그렇다면 사람들이 발라암을 부르러 왔는가?

(하나님께 감사하게도 독자들은 이 질문에 답변할 수 있는, "럭크만"보다 훨씬 더 신뢰할 만한 권위자가 있다.) 『**발라암이 아침에 일어나서, 그의 나귀에 안장을 지우고, 모압의 고관들과 함께 떠났더라**』(민 22:21).

보았는가? 아무도 그를 부르러 오지 않았다.

"직접적인 뜻"이나 "허락하신 뜻"과 같은 개념들은 하나님과 발라암의 관계에서 한 번도 개입된 적이 없다. 단 한 번도 없다.

우리가 여기서 보는 것은 발라암이 적나라하게 대놓고 두 번째로 불순종한 것이다. 첫 번째로 불순종한 것은 민수기 22:12-13에서였고 조금 전에 설명하였다.

2. 또한 하나님께서 반응을 요구하신 두 번째 조건도 있다. 『**그러나 너는 내가 너에게 하는 말만 할지니라.**』

발라암은 이 명령에 전혀 반응하지 않았다.

발라암은 아무것도 하지 않았다. 그는 하나님께 아무것도 약속하지 않았다. 왜 반응하지 않은 것인가?

쉽다. 디모데전서 6:10을 〈킹제임스성경〉으로 읽어 보라. 〈"뉴"킹제임스성경〉을 비롯한 모든 변개된 성서들은 이 구절을 변개시켜 놓았다. 발라암은 돈을 사랑하였다. 그는 돈을 죽도록 사랑한 것이다. 그는 아침에 일어나자마자 그의 눈 앞에 돈이 둥둥 떠다니는 것을 본 것이다(민 22:7). 그는 주의 칼이 자기가 섬기는 신을 베어 버리려고 드리워진 것을 보고 나서야(민 22:31) 하나님께 약속했다. 그의 신은 그의 배였다(롬 16:18).

미국의 기독교학교도 똑같다. 배교의 길을 이미 10년에서 60년 이상 따라가다 보니 성령의 칼이(히 4:12) 그들의 목을 베려고 드리워져야만 그때 가서야 진리로 돌아가는 것이다.

이와 같은 세대에서 이런 종류의 사람들을 다루는 데는 "사랑 안에서 진리를 말하는 것"이 전혀 도움이 되지 않는다. 하나님께서는 스코필드주석성경처럼 발라암의 행동을 "엄히 꾸짖는" 것에 단 5분도 낭비하지 않으셨다. 주님은 발라암의 교통 수단을 정면으로 막으시고 그 거짓말하는 바보를 죽이시려고 칼을 뽑으셨다. 만약 그의 나귀가 발라암보다 하나님을 더 두려워하지 않았더라면 발라암은 생명을 부지할 수 없었을 것이다.

"영적인 실제들을 다룰 수 있는" "온전한 능력"을 "이웃들과 나누려는" 동기를 가졌던 발라암은 그제서야 자신이 이것이나 저것을 말할 수 있는 "능력이 전혀 없다."고 고백했다(민 22:38). 여기서부터 그는 성령의 영감 아래서(민 24:2) 하나님의 말씀들을 전파하고(민 24:5), 하나님께서 그의 설교를 위한 "개요들"에서 주신 요지들을 모두 전달한다. 그는 자신이 설교한 말씀들을 실제로는 믿지 않았기 때문에 (즉 단지 하나님의 말씀들을 사용할 뿐 그의 마음은 그 말씀들에 동의하지 않은 것이다), 실제 자신이 믿는 바는 숨겨 두었던 것이다. 그가 실제로 믿는 것은 바로 돈이었다(딤전 6:10).

그리고 발라암은 살해당하고 지옥에 갔다.

그는 자신이 실제로 믿지도 않는 것을 "사용"했고 그가 실제로 믿지 않은 것을 믿는다고 고백한 것이다.

여기서 우리가 알 수 있는 것은, "어떤 합리적인 의심의 여지도 없이"(법적 용어) 학자들은 성경의 어떤 부분에 대해서는 어떤 학자적 교육과 훈련을 받았는지와 상관없이 알지 못한다는 사실이다. 즉 "원어"에 대한 지식과 그것을 다룬 경험이 아무리 많고, "원문 계열의 전승"에 관한 지식이 아무리 방대하고, 또한 취득한 학위가 얼마나 많고, 대학원에서 연구하며 보낸 시간이 얼마나 길고, 경건하고 성별한

삶의 실제적인 외적인 증거가 아무리 명확하다 하여도, 또한 그가 어떤 신조를 고백하든지 상관없이, 그 학자가 자신의 개인적인 연구에 있어서나 강단이나 강의실에서 하나님의 말씀들을 함부로 다루는 자라면, 그가 구원받았든지 아니든지 그는 성경의 이 부분을 깨닫지 못하게 되어 있다.

지혜로운 자들에게 조언은 한마디로 충분하다. “성경을 수정하려고 들지 말라.”

제2장

모비 딕과 흰 "악어"

> **『바빌론 왕 느부캇넷살이 나를 삼켰으며 나를 짓밟았으며 나를 빈 그릇이 되게 하였으며 그가 용처럼 나를 삼켰으며 그가 나의 맛있는 것들로 그의 배를 채우고 나를 쫓아내었느니라』**(렘 51:34).

자, 이제 "감추어진 진리들"을 조금 더 깊이 공부해 보자. 이 감추어진 성경에 해당하는 구절들은 현대의 기독교 학자들이 전혀 알지도 못하고 그들이 익숙하게 들었다 해도 은근슬쩍 설명하지 않고 넘어가는 그런 말씀들이다. 이런 현상은 기독교 학자들이 경건하게 보이기 위해 써먹는 가장 효과적인 "가면"이라 할 수 있다. 이런 현상이 나타나는 것은 우리가 교회 시대의 끝인 라오디케아 시대에 살고 있기 때문이며(계 3장), 이 기간의 특징은 그리스도의 몸 안에 "가려운 귀를 즐겁게 해 줄 선생들을 많이 둔다"는 데 있다. 이 구원받고 "거듭난" 배교자들은 젊은이들을 "진리에서 돌이켜" "꾸며낸 이야기들"을 쫓게 한다(딤후 4:4).

이렇게 하는 이유는 미국에 있는 (복음주의든 근본주의든 아니면 구원받지 않은 자유주의를 표방하든지) 모든 기독교 고등 교육 기관이 세계교회협의회(NCC)나 바티칸에 있는 가장 악독한 구원받지 못한 공산주의자가 설정해 놓은 학구적인 기준을 두려워하기 때문이다. 우리는 기독교 대학들이 학생들을 모으기 위해서 써먹는 "성별의 기준"이나 "신복음주의를 반대한다"거나 근본주의자들이 성경을 거부하는 그들 자신의 죄들을 덮기 위해 써먹는 수법들을 말하는 것이 아니다. 우리가 말하고자 하는 바는 거의 90%에 달하는 배교한 근본주의 교육자들이 이 시대를 주도하는 영에 의해서 세뇌당했다는 것이다. TV를 통해서 그들은 세뇌당했다. 이 영은(엡 2:1-3) 긍정적인 단어를 쓰는 영이며(창 3:1) 사람들의 생계에 영향을 준다. 또한 이 시대의 영은 하루 24시간 밤낮 없이 모든 대중 매체를 통해서 그 숨을 내뿜는다.

20세기 미국에서 활동하는 이 영은 그것이 전파하는 철학으로 가장 쉽게 판별할 수 있다. 이 영이 내뿜는 철학적인 가르침은 "당신의 기분을 상하게 하거나 당신의 수입이나 이미지를 손상시키는 모든 부정적인 진리를 거부하라."는 것이다.

이것이 오늘날 미국에서 활동하는 "이 시대의 영"이다. 또한 이것은 "축자 영감받은 원본"의 "완전한 영감"을 최종권위로 믿는다고 고백하는 모든 교육받은 그리스도인들에게 영향을 준 영이다(요일 4:5). 그들이 이렇게 현재 존재하지도 않고, 아무도 읽을 수 없는 "원본"을 믿는다고 고백하는 이유는 존재하지 않는 "원본"은 그들의 이미지나 수입에 아무런 영향을 주지 못하기 때문이다. 수입과 이미지를 염려하는 배교자들을 실제적으로 화나게 하고 위협하는 것은 바로 영어로 된 종교개혁 원문, 곧 〈킹제임스성경〉인 것이다. 존재하지도 않는 "축자적으로 완전히 영감받은 원본"을 위해 "확고한 입장"을 취하는 것은 쉽게 말해서 겁쟁이들이 취하는 행동인 것이다. 이미 사라져 버린 "원본"을 믿는다고 하면 아무도 시비를 걸지 못할 것이며 또한 모국어 성경의 권위도 무시할 수 있기 때문이다. 겁쟁이들은 자신의 수입과 이미지가 손상당하지나 않을까 노심초사하는 것이다.

현대 배교한 근본주의자들은 폰티오 빌라도, 헤롯, 데마만큼이나 세상을 사랑하고 세상을 두려워하는 것이다.

이 책을 읽는 독자는 이제 상황이 어떻게 돌아가는지 눈치챘을 것이다. 성경은 성경이 해석한다. 초등학교 6학년 정도의 학력을 가진 그리스도인이 이 성경 구절들의 맥락을 따라가다 보면, 누구나 왜 이러한 구절들이 기독교대학들과 신학교들의 강의실에서 논의되지 않는지 알 수 있을 것이다. 위선적인 근본주의자들은 "영감받은 원본들"을 "의심치 않고 신뢰"한다고 떠벌리면서 이 구절들은 무슨 문둥병자 취급하듯이 멀리한다. 지난 1,800년 동안 아무도 보지 못한 뭔가를 믿는다고 말하는 것은 누구나 할 수 있다. 그렇게 믿는다고 말하는 것이 그의 수입이나 이미지에 아무런 영향력도 끼치지 못하기 때문이다.

『네가 갈고리로 리비야단을 끌어낼 수 있겠느냐? 또한 끈으로 그의 혀를 맬 수 있겠느냐?... 땅 위에는 그같이 생긴 것이 없나니 그는 두려움 없이 지음을 받았도다. 그가 모든 높은 것들을 바라보니 그는 모든 교만의 자식들을 다스리는 왕이니라." 하시니라』(욥 41:1,33-34).

이쯤에서 독자들이 필자가 부정직하다거나 혹은 진실하지 않다거나 혹은 학자적인 자격이 의심스럽다고 여긴다면, "뉴킹제임스성경"을 구해서 크리스웰(Criswell), 달라(Dollar), 헨더슨(Henderson), 파스타드(Farstad), 힌드슨(Hindson), 윌밍턴(Willmington), 돕슨(Dobson)과 그와 유사한 학자들과 목사들이 승인한 이 구절들에 대한 설명을 읽어 보면 된다. 그들은 성경의 이 부분을 알지 못한다고 실토했고, 앞으로도 이 부분을 모른다고 그리스도의 몸 앞에서 시인할 것이다.

한번 제대로 따져보자. 그러니까 미국에 있는 최고의 "근본주의 학자들"과 "복음주의와 보수주의 학자들의 최고봉"들이 욥기 41장에 대해 전혀 올바른 설명과 주석을 달 수 없을 정도로 그들 자신의 모국어로 주어진 〈킹제임스성경〉에 대해 아는 바가 없다는 것이다. 즉 린치버그에 있는 리버티대학의 교수진들은 욥기 41장의 34구절 모두를 알지 못한다는 뜻이다. 필자는 밥존스대학에서 6년 동안 수학했으나, 그곳 대학이나 대학원 과정에서도 욥기 41장에 대해서 설명해 준 교수가 아무도 없었다. 1945년에서 1955년 당시 밥존스대학의 교수들은 미국에서 보수주의 학자들의 기준을 세우는 근본주의 학자들의 대표들이라 할 수 있었다.

그런데 그들이 욥기 41장을 조금이라도 설명할 수 없었다는 것이 말이 되는가?

도대체 뭐가 잘못된 것인가?

욥기 41장 자체에는 단 한 구절도 잘못된 구절이 없다. 다만 근본주의자들이 자신들의 수입과 이미지에만 신경을 쓴다는 것이 문제이다.

지구상에서 욥기 41장이 "위협"이 되는 사람은 "20세기 미국의 정신"에 의해 세뇌된 교육받은 죄인밖에는 없다. 그것은 뉴스미디어가 퍼뜨린 '이 시대의 정신'이며, 불결한 영이며 세속적이고 육신적인 영이며, NKJV의 위원회, 편집진, 번역자들, 개정자들과 고문들을 이끈 성경을 거절하는 영이며, 바로 그 동일한 영이 ASV와 NASV의 번역자들을 이끌었다. 그 영이 보수주의자들과 복음주의자들과 근본주의자들 100%가 하나님의 말씀에 있어 다른 어느 장만큼이나 쉽고 명확한 이 본문을 해석하지 못하게 한 것이다.

독자들은 그러면 필자에게 이렇게 말할 것이다. "그러면 럭크만 형제님, 형제님이 본문을 설명해 보세요."

그러나 하나님께서 이미 본문을 설명해 놓으셨는데, 필자가 설명한다면 그것은 우리 모두의 시간을 낭비하는 것밖에 되지 않을 것이다.

낫 놓고 기역자도 모르는 수준이 아니라면 누구나 알 수 있도록 성령께서 이미 본문을 설명해 놓으셨는데, 필자가 왜 본문을 해석하려 들겠는가?

아직도 필자가 그냥 비아냥거린다고 생각한다면, 〈킹제임스성경〉의 다음 성경 구절들을 펼쳐 보라. 어떤 판본이든 상관없다. 자, 성령께서 성경을 성경으로 해석해 놓으셨다. 그러나 넬슨(Nelson), 힌드슨(Hindson), 돕슨(Dobson), 헛슨(Hutson), 아프만(Afman), 프라이스(Price), 파스타드(Farstad), 윌밍턴(Willmington), 위어스비(Wiersbe), 뱃슨(Batson), 맷슨(Matson), 댓슨(Datsun), 햇슨(Hatsun), 랫슨(Ratsun) 등은 자신의 수입과 이미지를 지키기 위해 진리의 지식에 눈을 감아

버리고 그들의 장자권을 부인한 것이다.

이제 제시하는 구절들을 읽어 보라. 그래도 독자들이 정직하게 "럭크만이 선하고 경건한 사람들을 욕한다."라고 생각한다면 하나님께 가서 그렇게 말씀드려라. 필자는 담대하게 도전한다. 아래의 구절들을 읽어 보라. 필자의 말이 사실인지 아닌지 독자 스스로 알게 될 것이다.

『네가 갈고리로 리비야단을 끌어낼 수 있겠느냐? 또한 끈으로 그의 혀를 맬 수 있겠느냐?』(욥 41:1)

『그 날에 주께서 그의 격심하고 크고 강한 칼로 날쌘 뱀 리비야단을 벌하시리니, 즉 꼬부라진 뱀 리비야단이라. 또 주께서는 바다에 있는 그 용을 살해하시리라』(사 27:1).

『그리하여 그 큰 용이 쫓겨나니 그는 마귀**라고도 하고 사탄이라고도 하는 옛 뱀, 곧 온 세상을 미혹하던 자라. 그가 땅으로 쫓겨나고 그의 천사들도 그와 함께 쫓겨나더라』**(계 12:9).

『주께서는 리비야단의 머리들을 산산조각내셔서 그를 광야에 거하는 백성들에게 식물로 주셨나이다』(시 74:14).

위의 구절들을 읽었는가?

두 번 읽었는가? 두 번 읽지 않았다면 다시 읽어 보라.

위의 구절들을 두 번 읽고 나서도 깨끗한 양심을 가지고 전능하신 하나님께 정면으로 "리비야단"은 "알려지지 않은 동물"이거나 "알려지지 않은 큰 동물"이라고 말할 수 있는가? 독자나 그리스도인 누구라도 성경 자체의 설명을 읽고 나서도 그리스도의 심판석에서 주 예수 그리스도의 눈을 똑바로 쳐다보면서 "리비야단"이 "악어"라고 생각했다고 말할 수 있는가? 그렇다. 양심이 화인 맞지 않고서는 독자든 위에서 언급한 "선하고 경건하고 헌신적인 근본주의자들"이든 "리비야단"이 "알려지지 않은 동물"이나 "악어"라고 말할 수 없는 것이다.

근본주의자들과 보수주의자들은 눈도 깜짝하지 않고 이런 일을 자행했다.

오늘날 이 땅에서 행해지고 있는 불법의 신비라고 부를 수 있는 일이 바로 이것이다. 이 불가지론자들은 고의적으로 성경에 무지하며, 스스로를 근본주의자들이라 부르면서 성경을 연구하는 사람들의 "동료"라고 말한다. 이보다 더 육신적이며 더 세속적이고 더 불경건한 일은 없다. 교육받은 근본주의자들이 "성경은 하나님의 말씀"임을 믿는다고 하면서, 진리가 자신 앞에 명약관화하게 제시되었는데도 그것을 모르는 척하는 것만큼이나 하나님을 모독하는 불경건한 일은 없다. 그들은 진리를 고수했을 때 (앞장에서 살펴본 발라암처럼) 그들의 수입에 차질이 생기거나 자신의 "학자적" 이미지를 손상당할까봐 염려하는 것이다.

이런 "연기"(경건한 체면 세우기)는 그들과 같은 가짜들을 따르는 수많은 사람들의 마음과 지성에 성경에 대한 무지를 심어주었다. (헬라어로 "위선자"는 연기를 해서 먹고 사는 "배우"를 의미한다. "원어"를 운운하는 자들은 이런 것은 지적하지도 않는다.) 이런 자들이 교수를 하고 있기 때문에 그들을 따르는 학생들도 그들만큼이나 어리석게 되어 버린 것이다. 필자는 개인적으로 이런 근본주의 교수들이 아돌프 히틀러나 짐 존스보다 못한 인간이라고 생각한다. 필자는 전혀 그들이 헌신적이거나 성별되거나 거룩하거나 영적이라고 생각하지 않는다. 그들은 자신의 배를 섬기며 그들의 모가지만을 염려하는 세속주의자들이다(롬 16:3-4,16-18).

혹자가 필자에게 왜 욥기 41장 이 한 장만 가지고 그렇게 비평하냐고 물을 수도 있다. "하나님의 말씀에는 정말 이해하기 어려운 장들도 많이 있지 않은가?"라고 반문할 수도 있다. (예를 들어서 솔로몬의 노래 5-6장, 스카랴 1-3장 등) 그렇다. 그러나 욥기 41장은 이 "호전적인 근본주의자들"이 그들의 원수로 알고 대적하며 싸운다는 존재에 대한 구체적인 묘사이기 때문이다. 욥기 41장은 그들이 강단과 교단에서 자신들이 원수를 대적해서 싸운다고 고백한 바로 그 원수 사탄에 대한 장이다. 젊은 그리스도인 남자들과 여자들에게 그들이 평생 맞서 싸워야 할 대적에 대한 상세한 진리보다 더 중요한 것이 뭐가 있겠는가? 그러나 보라, 지난 50년간 미국의 기독교 대학과 신학대학원을 졸업한 55,000명에 달하는 졸업생들은 이 본문이 무슨 뜻인지 모른다. 힌드슨(Hindson), 윌밍턴(Willmington), 프라이스(Price), 마틴(Martin), 아프만(Afman), 포크너(Faulkner) 등도 마찬가지이다.

앞에서 제시한 구절들을 다시 한 번 읽어 보라.

독자들은 한 번이라도 머리가 두 개 이상 달린 악어를 본 적이 있는가?

만약 욥기 41장에 묘사된 존재가 "알려지지 않은 동물"이라면 어떻게 요한과 이사야는 크리스토퍼 콜럼버스가 태어나기 1,300년 전에 이 존재의 정체를 밝힐 수 있었는가?

자, NKJV에 대한 우리의 입장이 옳은 것이다. 곧 1,800년 전에 혹은 2,600년 전에 살았던 사람들이 (곧 요한과 이사야가) 성경적인 진리에 대해서는 NKJV를 만들어낸 20세기의 100여 명의 대학 교육을 받은 보수주의와 복음주의 학자들보다 더 많은 것을 알았다는 것이다.

그렇다. 이것이 올바른 결론인 것이다.

그러면 정말 무엇이 문제인가?

문제는 "개정된 번역본"을 위한 위원회에 가담한 보수주의 혹은 복음주의 학자들은 누구든지 이 구절들을 읽을 수 있고 또한 이해할 수 있고 믿을 수도 있지만, 감히 그들의 "동료들"이 이러한 사실을 알 수 있도록 공개적으로 밝힐 수는 없다는 데 있다. 그러나 독자들은 위의 성경 말씀들을 읽었고 이해했고 분명히 믿고 있을 것이다.

왜냐하면 그들이 "리비야단"의 정체를 성경이 말하는 그대로 믿는다고 공개적으로 밝히면 그들은 성경을 번역할 자격이 없는 미신적이고 비과학적이며 학자적 자질이 부족한 "촌놈" 정도로 취급받을 것이기 때문이다. 그래서 그들은 "하나같이"(눅 14:18) 체면을 차리기 위해 모른다고 말하는 것이다(마 21:23-27).

독자는 필자의 분석을 의심하는가? "너무 가혹하다"고 생각하는가?

다시 "감추어진 성경" 본문을 찾아보자. 이번에는 말라키 1:3을 펴서 읽으라.

『에서는 미워하였으며, 그의 산들과 그의 기업을 광야의 용들을 위

하여 황폐하게 두었느니라』(말 1:3).

자, 이제 권위를 인정받은 〈킹제임스성경〉을 제외한 1611년 이후로 출간된 모든 번역본들을 열어서 위의 구절에 있는 『**용들**』이 어떻게 되었는지 확인해 보라. (NKJV을 진짜 〈킹제임스성경〉이라고 착각하지 말라.)

그렇다. 용들이 사라졌다. 1800년 이후로 출간된 모든 영어 "성경"에서 본문의 "용들"이 사라졌다. 마치 서늘한 아침 안개가 있다가 사라지는 것처럼 용들이 재빨리 그리고 조용히 또한 완전히 사라져 버렸다. 왜 없어졌는가? 이제 독자들도 왜 그런지 알겠는가? 아직도 모르겠는가? 만약 핸더슨(Henderson)이 스프링필드에서 어느 날 아침에 일어나 자신은 "용들"의 존재를 믿는다고 말한다면, 그의 학교의 전 교직원과 교수진이 캠퍼스가 떠나갈 듯이 웃으며 그를 조롱할 것이다. 그 학교 전체가 〈킹제임스성경〉을 믿지 않는 자들로 완전히 세뇌당한 것이다.

트루만 달라(Truman Dollar)나 워렌 위어스비(Warren Wiersbe)가 근본주의자 회의나 모임에서 일어나 성경이 말하는 "용들"이 있다고 믿는다 말한다면 어떻게 되겠는가? 그들은 "호전적인 근본주의"의 웃음거리가 될 것이다. 달라스 신학원에서 제인 하지스(Zane Hodges)나 파스타드(Farstad)가 권위를 인정받은 〈킹제임스성경〉을 믿는다고 말한다면 그 학교에 붙어 있을 수 있다고 생각하는가?

그래도 모르겠는가?

왜 모르는가?

『**너희가 아직도 깨닫지 못하느냐?**』(마 15:16)

섬너(Sumner), 힌드슨(Hindson), 돕슨(Dobson), 밥 존스 3세(Bob Jones III) 등과 같은 애송이들이 근본주의 격간지인 〈주의 칼〉의 편집진에게 성경이 말하는 "용들"을 있는 그대로 믿는다고 말한다면 무슨 일이 일어날지 상상해 보라! 정말 한번 상상해 보라! 물론 그들은 "용들"을 믿지 않는다. 그들의 생각에는 제정신인 사람치고 "용들"의 존재를 믿을 사람이 없다는 것이다. 즉 성경을 무식하게 곧이곧대로 믿는 시골 촌뜨기들이나 말라키 1:3을 글자 그대로 믿는다는 것이다. 이제 진짜 문제가 무엇인지 알겠는가? 아직도 "모호하다"고 생각하는가? 정말 그런가? 그렇다면 이제 이 말씀을 보라.

『**광야의 들짐승들도 섬의 들짐승들과 만날 것이며, 사티로스가 자기 동료를 부르고, 헛간 올빼미도 거기서 쉬며 자신의 안식처를 찾을 것이라**』(사 34:14).

권위를 인정받은 〈킹제임스성경〉을 세밀하게 읽어 보면 왜 주요 근본주의 신학대학들의 교수진의 90%가 배교자가 되어 버렸는지 알 수 있다. 위의 구절에서 『**사티로스**』(Satyr)라는 단어를 보았는가? 만약 ASV, NASV, NKJV, RSV, NRSV, NWT, NEB, NIV 등의 변개된 영어 성서들이 있다면 이 구절을 찾아보라.

그렇다. 이 단어도 오직 권위를 인정받은 〈킹제임스성경〉에만 있다. 다른 현대 영어 성서들에는 아무리 찾아봐도 찾을 수 없을 것이다.

즉 어느 대형 기독교대학이나 신학대학원의 교수진이 추천하는 어떤 "신뢰할 만한 역본"을 찾아봐도 "사티로스"를 발견할 수 없을 것이다. 그들이 만약 권위를 인정받은 〈킹제임스성경〉이 "신뢰할 만한 역본"이라고 한다면, 새빨간 거짓말을 하고 있는 것이다. 왜냐하면 그들 중 누구도 이사야 34장에서 말한 『**사티로스**』와 같은 피조물이 존재한다고 믿지 않기 때문이다.

왜 "감추어진 성경" 본문이 존재하는지 그 진짜 이유를 아직도 모르겠는가? 왜 우리가 이런 문제들에 있어서 지난 34년 동안 우리가 사용한 그런 접근방식과 그런 "언어"를 사용해 왔는지 아직도 이해가 되지 않는가? 왜 우리가 사람들이 볼 때 예의 바르지 못하고 거친 언어를 사용하는지 아직도 모르겠는가?(고후 3:12)

현대의 근본주의자들은 겁먹은 바보들이다. 이들은 20세기의 세속적이고 불경건하고 타락하고 육신적인 영에 의해 겁먹은 것이다. 그들은 "전투적인 입장"을 취한다고 말하며 타협하지 않는 "믿음의 거인들"로 행세하고 "역사적 입장을 담대하게 수호한다"고 하지만, 사실은 겁쟁이들에 불과하다. 그들은 세계교회협의회에 속한 구원받지 못한 자유주의자가 "용들," "사티로스," "리비야단" 등에 대해서 따지고 들면, 언제라도 권위를 인정받은 〈킹제임스성경〉의 본문에서 등을 돌리는 자들이다. 자유주의자들이 무서워서 쩔쩔매는 이들은 절대로 〈킹제임스성경〉을 고수하지 않는다. 그들은 성경을 진실하게 대하지도 않는다. 그들은 성경을 수호하지 않는다. 그들은 기독교대학 혹은 신학대학원에서 수학한 뒤부터 성경을 믿는 믿음을 포기했으며, 약삭 빠르고 타락한 겁쟁이들에 의해서 세뇌당했다. (우리는 "은혜롭게" 말하는 중이다.) 그들을 가르친 자들이나 그들 자신이나 겁쟁이인 것은 매한가지이다. 배교에는 치료약이 없다. 배교는 치료할 수 있는 어떤 것이 아니며, 다만 심판만 예비되어 있을 뿐이다.

성경에 있는 이와 같은 구절들을 경시하고 수정하는 짓을 하는 동기는 세속적이며 사탄적이다. 그리고 이것은 "믿음을 수호"하는 것과 하등의 관계도 없고, 어떤 의미로도 "학자적 자질"과도 아무런 상관이 없다. 예를 들어 "리비야단"이라는 단어가 단 한 번 성경에서 고래를 가리키는 용어로 쓰여졌다고 해서(시 104:26), 그것이 욥기 41장의 리비야단이 "알려지지 않은 큰 동물"이나 "알려지지 않은 바다 괴물"이나 "악어"나 "하마"라는 이상한 결론을 정당화할 수 있는 것은 아니다. 결국 고래는 (모비딕에서처럼) 성경에서 사탄의 예표로 쓰이며(겔 29:3-4; 32:2), 지구상에서 영어를 말하는 그 어떤 사람도, 그가 중학교 교육만 받았다 할지라도 〈킹제임스성경〉을 읽기만 한다면 이 진리를 깨달을 수 있다.

우리가 지금까지 두 번이나 직시하고 있는 이런 현상은 단 한 가지로만 설명할 수 있다. 왜냐하면 아무도 이 배교자들이 자신의 모국어도 읽고 이해할 수 없을 만큼 멍청해서 그렇다고 변명할 수는 없기 때문이다. 그들은 스스로 고백하기를 적어도 6년 동안 히브리어와 헬라어를 배웠다고 하며, 대학교까지 적어도 12년 동안 모국어인 영어를 배웠기 때문이다. 그러면 우리가 내릴 수 있는 결론은 하나밖에 없다. 그리고 그 결론은 이 장을 시작할 때 이미 두 단락으로 기술해 놓았다.

"호전적인 근본주의자들"이 왜 이런 종류의 소경 같은 어리석음,

뻔뻔한 불신, 약삭 빠른 회피, 성경을 거절하는 배교를 보여 주는가에 대한 유일하고 합리적인 설명은 그들 각자가 저마다 TV, 라디오, 신문, 잡지 등에 의해서 길들여지다 보니, 그들의 수입과 학자적 "이미지"를 손상할 수 있는 구절들을 논의하거나 혹은 그 말씀을 고백하는 일을 꺼리기 때문이다. 그렇게 본능적으로 자신을 보호하는 것이다.

뉴스미디어가 이 배교자들을 인본주의적인 상대주의자들로 만든 것이다. 그러면서도 그들은 "믿음의 근본사항들"을 믿는다고 고백하는 것을 중단하지 않는다. 그들은 "역사적 입장"을 고수한다고 말하면서도 사실은 실리를 따라 행하는 "실용주의자"가 되어 버린 것이다. 요컨대, 그들은 배교했으며 『**그들의 귀를 진리에서 돌이켜 꾸며 낸 이야기로**』 돌린 것이다. 또한 근본주의자들과 보수주의자들 자신이 배교했기 때문에 구판과 신판 스코필드주석성경이 모두 "배교"를 구원받지 않은 자유주의자들에게만 한정시킨 것이다(딤후 4:1-6). 디모데후서에 관해 주석을 단 보수주의 학자들은 그들 자신이 어떤 사람인지 들키지 않기 위해서 그렇게 행한 것이며, 그들은 "사티로스," "용들," "리비아단" 등이 존재하지 않는다는 주석을 달 때부터 그들은 이미 그렇게 하기로 마음먹은 것이다. 그들에게 리비아단은 "용"이 될 수 없다. 왜냐하면 성경은 "용들"이 존재한다고 말하지만 그들은 "용들"이 존재한다고 믿지 않기 때문이다.

"믿음의 거인들"로 인정받기 원하면서도 자기 배를 섬기는 세속주의자들에게, 이런 구절들은 "감추어진 진리들"로 남아 있으며, 그들에게는 (적어도 이러한 성경 구절들의 진리를 이해하는 일에 있어서는) "바깥 흑암의 이슬"이 예비되어 있을 뿐이다. 그들은 "소경이 되어 소경들을 이끄는 자들"이며, (〈킹제임스성경〉을 믿는다는 이유로 "럭크만파"라고 불릴지도 모른다는 두려움 때문에) 순진하게 이 배교한 근본주의자들을 따라가는 젊은 그리스도인 남자들과 여자들을 그들이 빠진 똑같은 구렁텅이에 빠지게 만들 뿐이다.

제 3 장

교육받지 못한 자의 무지 vs. 교육받은 자의 무지

『기록되기를 "내가 지혜 있는 자들의 지혜를 멸하고 총명한 자들의 명철을 없애리라." 하였느니라』(고전 1:19).

우리가 공부하고 있는 성경 구절들은 20세기의 배교한 근본주의자들과 보수주의자들에게는 공포의 대상이다. 왜냐하면 이 구절들이 언급되면 두 가지 사실이 드러나기 때문이다. 먼저 "근본주의 대회"에서 "성경의 권위"에 대해 시끄럽게 떠들었던 그들이 사실은 지구상에 있는 어떤 책도 "성경"이라고 믿지 않는다는 점이다. 둘째로 그들이 성경을 믿는다는 이유로 조롱을 받을 수 있고 자신의 수입과 "이미지"에 해가 될 수 있는 성경 본문을 공개적으로 논의하는 것을 견딜 수 없어한다는 것이다. 우리는 지금까지 단지 세 개의 확연한 예를 들었을 뿐이다. 곧 사티로스와 용들과 리비아단의 경우다. 문서화된 증거로 본 그대로 〈킹제임스성경〉에는 그 어떤 판에도 이 용어들이 그대로 명시되어 있지만, 이 용어들이 지칭하는 존재들을 문자 그대로 믿는 신학대학원을 졸업한 "근본주의자"는 없다. 또한 보수주의든 복음주의든 새로운 성서들을 만들어내는 번역위원회에 속한 위원 중 단 한 명도 이들이 존재함을 믿지 않는다. 이 구절들에 대해 그들이 취한 태도는 제시 잭슨이나 PLO를 지지하는 구원받지 않은 자유주의 감리교 목사와 같은 완전한 불신, 절대적인 불신이다.

그리스바흐(Griesbach), 라흐만(Lachmann), 홀트(Hort), 캐년(Kenyon), 티쉔돌프(Tischendorf) 등 성경을 거부하는 배교자들이 시작한 성경의 원문비평의 근원적인 원리들 중의 하나가 바로 "교리적인 본문은 의심스럽다"이다. 쉽게 말해서 "성경에서 그리스도의 신성이나 삼위일체와 같은 교리를 설명하는 평이하고 강력하며 분명한 본문을 만나면, 그 구절은 광신적인 성경대로 믿는 그리스도인이 조작한 것으로 '의심'해도 좋다"는 뜻이다. 즉 학자들의 생각에는, 성경대로 믿는 그리스도인들이 "축자적으로 완전히 영감받은 원본들"에 있는 말씀이 충분히 이러한 교리들을 강조하고 있지 않다고 생각하여 성경 본문을 조작했을 것이라는 뜻이다. 좋은 예로 밥존스대학이 추천하는 "성경들" 곧 ASV나 NASV에서 디모데전서 3:16이나, 테네시템플이나 리버티침례대학이 추천하는 NIV와 NKJV에서 사도행전 4:27,31이나, 휘튼대학과 무디성경신학원과 풀러신학교 등이 추천하는 "성경들"(NIV, ASV, NASV, NRSV 등)에서 요한일서 5:7-8을 찾아보라.

이러한 구절들을 변개하고 또한 변개된 원문들을 번역한 이유는, 성경을 믿었던 과거의 그리스도인들이 이 구절들을 조작하지 않으면 진리가 강조되지 않았을까봐 이 구절들에 손을 대어 각 구절이 말하는 진리를 강조하려 했다는 것이다.

그들은 이런 말도 안 되는 학자적인 난센스를 기초로 성경을 변개시킨 것이다.

우리는 이제 그리스도인이 반드시 알아야 하는 세 본문을 살펴볼 것이다. 만약 그리스도인이 자신의 신학교 교수나 성경 교사라고 하는 사람들이 모르는 뭔가를 알고자 한다면 이 구절들을 알아야 한다. (이런 진술이 교수들과 새로운 성서를 만들어내는 사람들을 너무 가혹하게 혹은 거칠게 대한다거나 필자가 자기중심적으로 말한다고 생각한다면, 이 책에서 시편 119:99-100에 나와 있는 잘 알려진 다윗의 믿음의 고백을 다루는 장을 읽어 보라.) 필자의 글이나 저서를 읽은 독자들은 필자가 비뚤어진 영과 나쁜 태도를 가졌기 때문에 악담을 한다고 속단하는 경향이 있다. 그러나 잘못 판단한 것이다. 필자는 다만 진실을 드러내고자 할 뿐이다. 한 사람이 나에게 이렇게 말했다. “만약 제가 당신처럼 말하고, 당신이 쓰는 언어를 저도 쓴다면, 분명히 누군가가 저를 쏘아 죽였을 겁니다.” 나는 이렇게 답했다. “내가 만약 지금 말하는 것처럼 말하고 지금 쓰는 어휘를 쓰면서도 올바른 영을 가지고 그렇게 하지 않았더라면, 하나님께서 나를 32년 전에 이미 죽이셨을 것이오.” 하나님께서는 확실히 이 땅의 대형교회와 대형기독교 대학을 운영하는 그리스도인 “유명인사들” 중의 많은 목사들이 알지 못하는 우리의 사역에 관해 뭔가를 알고 계신다. 적어도 주요 기독교 대학들과 신학대학원들에 있는 교수진이 이것을 알지 못하는 것은 확실하다. 그들은 어떻게 “공격적인” 언어를 쓰는 필자 같은 사람이 50

년 이상 복으로 충만하고 열매로 가득한 사역을 할 수 있었는지 설명하지 못한다.

우리는 여기서 "세계근본주의대회"에서는 결코 들어볼 수 없는 세 구절들을 접하게 된다. 필자가 알기로는 미국에서 이 구절들을 가지고 강단에서 설교하는 목사도 없다. 밥존스대학에서 6년을 보내는 동안 이 구절들을 언급하거나 인용하는 것을 들은 적이 없으며, 교수들이 누군가에게 이런 구절들을 불러 주는 것도 보지 못했다. 이 성경 구절들은 근본주의자들이 고백하는 믿음의 근본사항들 중의 첫 번째 곧 "하나님께서 하신 말씀을 믿는 것"에 대한 것인데도 말이다. 하나님께서 무엇이라고 말씀하셨는가는 동정녀 탄생, 그리스도의 신성, 피의 속죄 등의 교리와 이 위대한 세 개의 "믿음의 근본사항"을 합쳐 놓은 것보다 더 중요하다. 왜냐하면 "믿음의 근본사항들" 자체가 성경에 기록된 말씀들을 그대로 믿는 믿음에서 파생되었기 때문이다.

이제 우리가 다루는 이 위대한 책, 곧 성경에 기록된 말씀들의 중요성을 풀어 설명함에 있어, 우리는 성경으로 이 구절들의 각 부분을 자세히 살펴보고 면밀하게 검증할 것이다. 밥존스대학과 그와 유사한 모든 알렉산드리아의 이단 교리로 물든 다른 모든 신학교들은 결국 그들의 학교의 몸집을 불리는 것이 그 목적이다. 또한 그들의 목적은 그들의 친구들을 장려하고 그들 자신의 "이미지"를 신장시키는 것이다. 그들의 사역은 "자기 장려," "자기 광고," "자기 영광," "자기 보존"에 집중되어 있다. 영적인 분별력이 있는 사람은 그 누구도 이들의 이러한 경건한 척하는 속임수에 단 일 분도 속아 넘어가면 안 된다. 성경이 아니었다면 (여기서 성경은 사라져 버려서 아무도 본 적이 없는

"원본"을 말하는 것이 아니다.) 밥존스대학은 결코 설립되지 않았을 것이다. 성경이 없었더라면 ("축자적으로 완전히 영감받은 원본"이 아니다.) 테네시템플대학과 그 부속 학교들도 존재하지 않았을 것이다. 성경이 아니었다면 ("무오한 원본"을 말하는 것이 아니다.) 제리 폴웰은 리버티대학 캠퍼스 중 단 하나의 건물도 짓지 못했을 것이다. 이러한 문제의 핵심은 독자들도 알고 나도 알고 하나님도 아신다. 또한 구원받은 사람이라면 그리스도인답게 사는 사람이든 그렇지 않은 사람이든 누구나 이 사실을 알고 있다. ("그리스도인답게 살지 못한"다면 그것은 그 사람이 앞 장에서 우리가 말했던 세상을 사랑하는 그 동일한 전염병에 걸려 시름시름 앓고 있기 때문이다.)

이제 독자들도 알겠지만, 자신의 수입과 이미지에 영향을 미칠지도 모르는 "조롱을 두려워하는 것"이 바로 이 배교한 근본주의자들이 성경을 가르칠 때 이들을 이끌어 가는 "인도하는 빛"이요 레이저 광선이고 추진력이며, 주도하며 견인하는 "증기기관차"인 것이다. 그들은 "혼들에 대한 큰 부담"과 "선교에 대한 열정," "높은 학자적 자질"에 대한 사랑, 혹은 "이차적 성별"에 대한 확신을 가지고 있다고 고백한다. 그러나 그들의 학교와 기관의 그 전체 체계는 다른 모든 것을 관장하는 단 하나의 최고의 "근본사항"에 의해 움직이며 돌아가고 유지된다. 그러나 그것은 불경건하고 세속적이며 지옥에서 나온 원리라 하지 않을 수 없다. 그것은 바로 이것이다.

"절대로 교육받은 사람이 우리를 학자적 자질이 부족하다고 놀리게 해서는 안 된다!"

이것이야말로 라오디케아 교회 시대의 기독교 교육기관의 실제적인 모토이며 주제가이다. 또한 이것이야말로 그리스도의 몸 안에서 배교한 자를 판별하는 표시이다. 이 원리는 기독교 고등교육에 관련된 모든 구원받은 교수진의 90%에게 적용된다. 우리는 독자들이 단순히 우리의 말을 믿는 것이 아니라 높고 청명한 가을 하늘처럼 명확하게 알도록 설명하고 증명할 것이다.

『**이는 주께서 깊은 잠의 영을 너희에게 부어 주사 너희의 눈을 감기게 하셨음이니 그가 선지자들과 너희 치리자들과 선견자들을 가리셨느니라. 모든 환상은 너희에게 마치 봉인된 책의 말과 같이 되었으니 사람들이 그것을 유식한 자에게 건네주며 말하기를 "청컨대 이것을 읽으라." 하나 그가 말하기를 "봉인되어 있으니 읽을 수 없노라." 하며 또 그 책을 무식한 자에게 건네주며 말하기를 "청컨대 이것을 읽으라." 하나 그가 말하기를 "나는 무식하다." 하느니라**』(사 29:10-12).

파낼 수만 있다면 여기 이 구절들에 진리의 "보화"가 있다. 이 본문은 "하나님의 말씀"(롬 3:2)이 주어진 민족의 종교적 지도자들을 대상으로 한 말씀이다. 그 대상은 바로 "선지자들," "치리자들," "선견자들"이며, 이들은 사람들에게 진리를 가르치고 전파하고 그것을 가려내야 할 책임을 맡은 사람들이다. 이 세 무리 모두가 11절에 포함되어 있다. (『**모든 환상은 너희에게 마치 봉인된 책의 말과 같이 되었으니**』)

성경에서 성경 자체를 다룰 때 『**책의 말**』을 다루는 이 본문보다 더 중요한 본문이 어디 있겠는가! 『**모든 환상은 너희에게 마치 봉인된 책의 말과 같이 되었으니 사람들이 그것을 유식한 자에게 건네주며... 또 그 책을 무식한 자에게 건네주며**』 또한 성경을 가르치는 교수나 성경 교사라면 바로 이런 본문에서 뭔가 진리를 발견해야 하지 않겠는가?

여기 책 한 권이 있다. (독자도 지금 한 책을 읽고 있다.) 여기 책 한권이 있다. (성경도 한 권의 책이다.) 여기 책 한 권이 있다(사 29:11). 이 책은 전도서에서 말한 "많은 책"들을 만드는 일에는 끝이 없다고 한 그런 책들 가운데 하나가 아니다(전 12:12). 이 책은 하나님과 관계된 책이다. 왜냐하면 하나님께서는 계속해서 13절에서 이렇게 말씀하시기 때문이다. 『**그러므로 주께서 말씀하시기를 "이 백성이 입으로는 나를 가까이하며 그들의 입술로는 나를 존경하나 그들의 마음은 내게서 멀리 떠났으며 나를 향한 그들의 두려움도 사람들의 법규로 가르친 것이라.**』

우리는 미래의 어느 날 『**귀머거리가 책의 말들을 들을 것이며**』라는 말씀을 안다(사 29:18). 이 『**책**』이 어떤 책인지 모르는 사람이 있는가? 우리는 이사야서에 있는 구절을 인용했으며, 이사야서는 당연히 구약에 속한다. 구약성경을 끝내실 때 주님께서는 말씀하셨다. 『**그때에 주를 두려워하는 자들이 종종 서로 말하니 주께서 경청하시고 그것을 들으셨으며, 주를 두려워하는 자들과 그의 이름을 생각하는 자들을 위하여 한 기념의 책이 그의 앞에 기록되어 있느니라**』(말 3:16).

그러나, 얼마나 특이한 책인가!!

먼저, 이 책을 박사학위(Ph.D)를 가진 교육받은 학자에게 주고 『**"청컨대 이것을 읽으라."**』고 부탁한다. 그러자 그는 이렇게 답한다.

『**"봉인되어 있으니 읽을 수 없노라."**』 그러나 이 본문이 말하는 바에 따르면, 이 책이 비록 봉인되었었지만(사 29:11), 열어 볼 수는 있었다. 이는 13,14절을 볼 때 명확하다. 이 학자는 거짓말을 한 것이다. 그는 봉인을 열 수가 있는데도 봉인을 열 수 없는 척한 것이다. 쉽게 말해서 그는 거짓말을 했고, 거짓말쟁이인 것이다. 그는 교육받은 거짓말쟁이였으며, 쉽게 봉인을 열 수 있었다. 『**유식한 자**』 성경의 마지막 책이 완성되었을 때, 주 예수 그리스도께서는 요한에게 『**이 책의 예언의 말씀들을 봉인하지 말라. 이는 그 때가 가까움이라.**』고 말씀하셨다(계 22:10). 주님께서는 마지막 책에 있는 봉인들을 이미 요한계시록 5,6장에서 풀어 놓으셨다. 이 교육받은 학자에게 주어진 책에 있었던 봉인은 그 자신이 소경이며(사 29:10) 주님께서 친히 이자를 소경으로 만드셨기 때문에 생겨난 스스로 만든 봉인이었다. 이 거짓말쟁이가 그 책이 "봉인"되었다고 했을 때, 그는 요즘 학자들이 쓰는 표현으로 하자면 그 책이 "비유적이다," "상당히 상징적이다," "묵시적이다"라고 한 것이며 또한 (진짜 배교자가 쓰기 좋아하는 언어를 빌리자면) "원문이 오염되었다," "필사상의 오류였다," "원문 전승 상의 오류가 있다" 등으로 말한 것이다.

그러나 문제는 여기서 끝나지 않는다. 이렇게 하고 나서도, 성령께서는 이 교육받은 나귀에게 말씀하셨다. ("거짓말쟁이"라고 부르면 항상 "형제들에 대한 사랑이 부족"한 것을 염려하는 독자들 중의 혹 몇 사람을 실족시킬 수 있을 것이다. 하지만 나는 이 표현을 사랑을 가지고 쓰는 것이다. 왜냐하면 이 "나귀"라는 표현은 거듭나지 않은 사람의 본성이 천성적으로 거짓말쟁이임을 보여 주는 성경적인 표현이기 때문이다. 욥 11:12).

『내 입이 진리를 말하리니, 악은 내 입술에 가증한 것이라. 내 입의 모든 말들이 의에 있나니, 그 말에는 비뚤어진 것이나 왜곡된 것이 전혀 없느니라. 그것들은 깨닫는 자에게는 모두 알기 쉬운 것이요, 지식을 얻는 자들에게는 옳은 것이니라』(잠 8:7-9).

지난 400년 동안 오대양 육대주 어느 곳에 있는 어떤 판의 〈킹제임스성경〉에도 위의 구절은 똑같이 인쇄되어 있다.

만약 하나님의 입의 "말씀들"이 (복수임을 주목하라. 신정통주의자들과 원본주의자들이 쓰기 좋아하는 단수로서의 하나님의 "말씀"이 아니다.) "의에 있고" "그 말에는 비뚤어진 것이나 왜곡된 것이 전혀 없다"면, 『**그것들은 깨닫는 자에게는 모두 알기 쉬운 것**』일 수밖에 없다.

어떻게 교육받은 그리스도인이 이 말씀들이 "봉인"되었다고 말할 수 있는가?

그 말씀들은 "깨닫는" 자에게는 봉인되지 않았다.

교육받은 "나귀"가 스스로 "깨닫지" 못한다고 고백한 것을 보았는가? (필자가 다시 이런 표현을 쓰는 것은 독자들을 건전한 교리 안에 확고하게 세우기 위함이다.) 교육받은 학자가 "말씀들"이 기록된 책을 받았으며, 그 말씀들은 『**깨닫는 자에게는 모두 알기 쉬운 것**』이다. 그런데 그는 세 개의 박사학위를 취득하고 "고대 언어들"을 가르치는 "교수"이며 "성경" 학부의 학장이면서도 그 말씀들을 깨닫지 못하는 것이다.

그는 『**항상 배우나 진리의 지식에 이르지**』는 못하는 것이다.

만약 하나님의 말씀들이 참으로 『**현명한 자의 말**』(the words of the wise)이며(잠 22:17), 하나님께서 그 사람에게 이 지식에(잠 22:17) 마음을 두라고 명령하셨다면, 어떻게 이사야 29장에 나온 이 교육받은 "나귀"가 그 명령에 순종하지 않았단 말인가? 자신이 하나님의 말씀을 다른 사람들에게 가르치는 권위를 부여받은 성경 학자라고 자부하면서도 어떻게 그럴 수가 있는가?

누구도 이 질문에 천년왕국이 오기까지 답변하지 못할 것이다.

왜 이런 본문을 마라나타(Maranatha), 씨다빌(Cedarville), 미드싸우스(Mid-South), 미드웨스턴(Midwestern), 산타로사(Santa Rosa), 펜사콜라기독대학, 리버티침례대학 등의 기독교대학과 신학대학들에서는 들을 수 없는지 그 이유를 알고 싶은가? 필자의 의견을 묻지 않아도 된다. 왜냐하면,

1. 이 문제에 대한 필자의 의견은 중요치 않기 때문이며,

2. 하나님께서 이미 그분의 의견을 말씀하셨는데, 필자가 독자에게 개인적인 의견을 말할 필요가 없기 때문이다.

독자들이 직접 성령께서 이 문제에 대해서 설명하시는 말씀을 들어보라.

『선한 이름을 택하는 것이 많은 재물을 택하는 것보다 낫고, 은총을 사랑하는 것이 은과 금을 사랑하는 것보다 나으니라... 너는 귀를 기울여 현명한 자의 말을 듣고, 내 지식을 네 마음에 두라. 그것들을

네 속에 간직하면 즐거움이 있나니, 그것들이 모두 네 입술에 바르게 자리잡으리라. 너의 신뢰가 주께 있게 하려고 오늘 내가 너에게 이것을 알게 하였으니, 바로 너에게라. 내가 조언과 지식의 훌륭한 것들을 네게 기록하였으니 이는 너로 하여금 진리의 말씀들의 확실함을 알게 하며, 너에게 사람을 보낸 그들에게 진리의 말씀들을 대답하게 하려 함이 아니냐?』(잠 22:1,17-21)

누군가는 분명히 그 말씀들을 깨달았다(단수로서 하나님의 '말씀'이 아니라, 복수다). 하나님께서는 누군가에게 『**조언과 지식의 훌륭한 것들**』을 기록하셨고 하나님께서는 그것을 누군가에게 알려 주셨다(잠 22:19). 또한 그 사람에게 특정한 목적을 가지고 그것을 알게 하셨다. 곧 『**진리의 말씀들의 확실함을 알게**』 함이며 (여기서도 몇 가지 "믿음의 근본사항들"이 아니라 복수로 '말씀들'이다) 그래서 다른 누군가가 그에게 답변을 들으려고 찾아오면 (예를 들어 겔 14:1-10을 보라.) 그에게 『**진리의 말씀들**』로 답변하기 위함이다. (여기서도 단수로 진리의 "말씀"이 아니라 복수다.) 그러면 이 사람은 누구를 말함인가?

하나님께서는 누구에게 진리의 말씀들을 깨닫게 해주시는가?

교육을 많이 받고 박사 학위를 소지한 학자는 아니다. 그에게는 그 말씀들이 "봉인"되어 있다. (학자 자신이 그 말씀이 "확실함"과 그 말씀을 "깨닫는" 것과 그 말씀을 "아는" 것에 대해서 이렇게 변명하는 것이다. 『"**봉인되어 있으니 읽을 수 없노라.**"』 사 29:11)

만약 이 교육받은 "나귀"가 ("학자 자격," "원본," "자격 있는 권위자들," "원문 계열"과 그와 유사한 용어들은 반성경적이지만, "나귀"

는 성경 용어다.) 이 성경의 말씀들을 깨닫지 못하고, 배우지 못한 자도 이 책에(사 29:11-12) 있는 말씀들을 깨닫지 못한다면, 그 말씀들을 이해할 수 있는 사람은 도대체 누구인가?

그 말씀들의 "확실함"을 아는 사람이 누구인가?(잠 22:21) 무식한 자는, 그러니까 고등학교도 마치지 못한 사람은 이 책을 들고 이렇게 말할 것이다. "나는 이 책 못 읽어요. 책을 배운 적이 없다니까" 『**"나는 무식하다." 하느니라**』(사 29:12).

참 난처한 상황이다.

밥존스대학, 테네시템플, 달라스신학원, 덴버신학원 등이 이 본문들을 다루지 않을 만도 하다. 우리가 이 장에서 인용한 구절들은 성경 안에 있는 말씀들이다. 하나님께서는 성경의 "진실하고 확실한" 하나님의 말씀들을 "쉽기" 때문에 깨달을 수 있다고 말씀하신다. 성경 말씀들을 자세하게 연구하고 학생들을 가르친다는 신학대학의 "성경" 학부 교수들에게는, 배운 학자도 깨닫지 못하고 배우지 못한 무식한 자도 깨닫지 못한다고 말하는 이 말씀보다 더 이상하고 어려운 본문이 없는 것이다.

이러한 상황은 요한계시록 5장에서 『**하늘이나 땅이나 땅 아래에서 그 책을 펴거나 볼 수 있는 사람은 아무도 없더라.**』고 하신 말씀을 생각나게 한다.

이것이 얼마나 중요한지 알겠는가? 20세기와 21세기의 근본주의자들은 "럭크만"과 "럭크만파"가 문제라고 떠들어대지만 실제로는 이러한 위대한 성경의 진리들을 알지 못하는 것이다. 이 본문들은 루이스

S. 쉐이퍼(Lewis S. Chafer)가 세운 달라스신학원의 모든 교수진이 모르는 것이며, 파스타드도 모른다. 밥존스대학에서도 필자에게 히브리어를 가르친 브로큰셔(Brokenshire) 박사부터 파노시안(Panosian)에 이르기까지 단 한 명도 위에 제시한 본문들을 설명하지 않았다.

우리가 살펴본 본문들은 한 사람이 하나님의 말씀들의 확실함을 알 수 있다고 말씀하시고 동시에 배운 자든 무식한 자든 이사야서에 있는 그 말씀을 깨달을 수 없다고 말씀하신다.

"축자적으로 완전히 영감받은 원본"을 운운하는 근본주의자들이 이 문제를 해결할 수 있겠는가?

이제 〈킹제임스성경〉으로 이 문제를 풀어 보자. 성경은 말씀들로 구성되어 있으며, 이 말씀들은 자신의 이미지와 수입을 유지하는 것에만 관심이 있는 교육받은 자에게는 "봉인"되어 있다(사 29:13-16을 보라). 이 말씀들은 또한 자신의 이미지와 수입을 상관치 않더라도 자신의 어떤 죄를 감추기 원하는 무식한 자에게도 감추어져 있다. 주님께서 친히 이들을 무지하게 만드신 것이다.

『**이는 주께서 깊은 잠의 영을 너희에게 부어 주사 너희의 눈을 감기게 하셨음이니 그가 선지자들과 너희 치리자들과 선견자들을 가리셨느니라**』(사 29:10).

이 구절과 정확하게 짝이 되는 말씀은 에스겔 14:4-11이며, 여기서도 사람들을 혼란스럽게 하신 분이 주님이시다. (데살로니가후서 2:11에서도 마찬가지다.) 사람들이 하나님의 말씀들을 이해하려 할 때, 우리는 그것이 사람의 마음의 동기들과 직접적으로 관련이 있다는 것을 다시 깨닫게 된다. 이는 또한 "학자 자격"이나 "자격 있는 권위자들"이니 하는 것이 무의미함을 의미한다. 왜냐하면 학자적 소양이나 혹은 무지는 하나님의 말씀들을 배우거나 깨닫는 것과 아무 관계가 없기 때문이다. 교육을 받았든 교육을 받지 못했든, 또한 구원받았든 받지 않았든, 교육은 성경을 깨닫게 할 수 없다. 세상에 있는 모든 신학대학이나 대학에 있는 모든 교수들이 이 기본적이며 근본적인 성경 진리를 믿지 않기 때문에, 우리가 방금 살펴본 본문들이 그들에게는 "감추어진 성경"의 한 부분으로 남아 있고, 지구상의 어떤 대학의 강의실에서도 이 본문들을 다루는 것을 들어볼 수 없는 것이다.

무서운 진리는 하나님의 입의 "모든 말씀들"은 "의" 안에 있으며(모든 말씀들이 그렇다. 잠 8:8), 이는 하나님께서는 그분의 입으로 진리만을 말씀하시기 때문에 그렇다(잠 8:7). 하나님께서 『**뛰어난 것들**』과 『**옳은 것들**』을 말씀하실 때(잠 8:6) 이 뛰어나고 진실되며 옳은 것들은 『**깨닫는 자에게는 모두 알기 쉬운 것**』이다(잠 8:9). 만약 당신에게 그 말씀들이 어렵게 여겨진다면, 그것은 당신이 그 말씀들을 깨닫지 못하기 때문이며, 또한 당신이 깨닫지 못한다면, 당신의 문제는(그리고 당신을 가르친 교수와 신학자와 목사의 문제는) 마음의 문제인 것이다. 이 말씀들을 깨달을 수 있느냐 없느냐의 문제는 헬라어 문법이나, 히브리어 접미사나, 더 오래된 사본이나, 원문 전승이나, 신뢰할 만한 번역본들이나, 서로 상충되는 본문들이나, "밀접한 개연성"이나, "역동적 동등성"이나 고고학적 발견이나, 소문자 필사본이나, 대문자 필사본과는 아무런 관련이 없다.

하나님의 말씀들을 깨닫지 못하는 것은 마음의 문제다. 1880년 이후로 수많은 영어번역본들을 만들어낸 개정위원회들에 가담했던 (Ph.D, B.D., D.D., M.A., Th.M., L.L.D. 등의) 수많은 학위들을 소지한 모든 박사들과 학자들의 문제는 바로 마음의 문제다.

그들의 교육은 초등학교 4학년까지 공부하고 학교를 나간 중퇴자와 똑같이 하나님의 말씀들을 깨닫는 데는 똑같은 바보가 된 것이다.

우리가 여기서 밝히는 위대한 기본적이고 근본적인 성경 진리는, 하나님께서 어떤 사람에게는(잠 22:19) 진리를 알게 하시고 그분께서 기록하신 말씀들을 알려 주셔서(잠 22:20) 그 사람으로 그 말씀들의 "확실함"을 알게 하신다는 것이다(잠 22:21). 이 말씀들은 사람 속에 "간직"될 수 있다(잠 22:18). 이는 그 말씀들은 그의 입술에 바르게 자리잡아(잠 22:18) 그 입술로 "진리의 말씀들"로(잠 22:21) 그에게 찾아와 하나님께서 계시하신 어떤 것에 대해 조언을 묻거나 정보를 구하는 사람에게 "대답"하게 하려 하심이다(잠 22:21).

『**만일 누가 말하려거든** 하나님**의 말씀처럼 말하고, 또 누가 섬기려거든** 하나님**께서 공급하시는 능력으로 하는 것처럼 하라. 이는 모든 일에** 예수 그리스도**로 말미암아** 하나님**께서 영광을 받으시게 하려 함이니, 그분께 찬양과 권세가 영원무궁토록 있느니라. 아멘**』(벧전 4:11).

그러면 이 진리는 우리에게 무엇을 알려 주는가?

1901년 이후로 미국에 있는 그리스도의 몸 안에서 성경적 진리에 대해 가장 치명적인 대적이 된 자들은, 즉 무신론자들이나 현대주의자들, 로마카톨릭교도들, 공산주의자들, 무신론자들과 인본주의자들을 합쳐놓은 것보다 더 많이, 미국인들이 하나님의 말씀들을 믿지 못하게 공헌한 사람들은 바로 교육받은 보수주의 학자들과 교수들이다. 이들은 사람들의 조롱을 극도로 무서워하며, 하나님의 말씀들을 대할 때 (단수의 '말씀'이 아니라 복수다.) 그들의 이미지와 수입을 보존해야 한다는 생각을 가지고 접근한다. (제2장 "모비 딕과 흰 '악어'"를 보라.)

이사야 29장에 나왔던 사람들이 공개적으로 고백한 것처럼, 그들은 평이한 진리의 말씀들을 깨닫지 못한다. 곧 절대적으로 확실한 지혜와 지식의 의의 말씀들을 깨닫지 못하는 것이다. 그들은 성경을 놓고 이렇게 말한다.

『**"봉인되어 있으니 읽을 수 없노라."**』

그러나 성경은 보수주의 학자들과 근본주의 학자들과 그 동류의 사람들에게만 "봉인"되어 있는 것이다.

소경이 소경을 인도하면 둘 다 구덩이에 빠지기 마련이다.

이 자들은 자신의 무지와 알 수 없다고 한 변명을 하나님 앞에서 설명하고 해명해야 한다. 이 자들은 또한 주께서 바로 "그들 위에 깊은 잠의 영을 부으셨음"을 고백해야만 한다. 하나님께서는 선지자들과 치리자들과 선견자들이 "가려졌다"고 말씀하셨다. 그들은 자신이 깨닫지 못하는 "감추어진 성경"을 가지고 있는 것이다. 그들에게는 그것이 "봉인"되어 있기 때문에 읽을 수 없다. 그러나 이 책을 읽는 독자들은 믿음과 겸손으로 그 말씀들을 대하여, 성경이 자신에게 "봉인"되거나 "감추어진" 책으로 남아 있게 해서는 안 될 것이다.

제 4 장

가장 악랄한 이단, 럭크만 파

『주가 말하노라. 내 말이 불 같지 아니하냐? 바위를 부수어 조각내는 큰 망치 같지 아니하냐?』(렘 23:29)

우리는 앞에서 몇 페이지에 걸쳐서 우리 시대에 일어나고 있는 일에 대한 무시무시한 진리를 다루는 구절들을 살펴보았다. 이 진리는 20세기 미국에 있는 가장 많은 교육을 받은 그리스도인이 성경의 상당 부분을 알지 못한다는 진리다.

무지는 구원받지 않은 자유주의자들이나 세상 대학에 다니는 세속적인 학생들에게만 해당하는 것이 아니다.

지금부터 우리가 살펴보려고 하는 두 구절은 정말 학위를 소유한 근본주의자들을 영적으로 죽여 버린 "흑사병"에 해당하는 구절들이다. 이 두 구절이 나타나면 퍼시픽코스트신학대학, 마라나타, 일반침례교교회연합(GARBC), 달라스신학원 등은 새벽 4시의 야구경기장처럼 쥐

죽은 듯 조용하다. 이 구절들은 그리스도인의 믿음의 첫 번째 "근본사항"을 다루고 있다. "근본주의자"는 성경 외에 다른 것은 믿지 않고 성경에서 나온 것이면 모든 "근본사항"을 믿는다고 하는 사람들이기 때문에, 성경을 믿는 믿음이야말로 모든 근본사항의 "킹콩"이라 할 수 있다. 사실 지상에 있는 모든 종교체계에는 삼위일체, 동정녀탄생, 부활과 새로운 출생의 진리를 모방한 유사한 거짓 교리들이 있다. (알렉산더 히슬롭의 〈Two Babylons〉, 1959을 참조하라.) 밥 존스 시니어(Bob Jones Sr., 1883-1968)가 수도 없이 한 말이 있다. "성경이 그렇다고 말씀하시면 그런 것이다." 그는 그것이 그리스도인들이 교단들을 뛰어넘어 협력할 수 있는 첫 번째 근거라고 말했다. 즉 그리스도인이라고 하는 자들이 스스로 무슨 대단한 자가 된 것처럼 생각하고 분별력이 없는 자들을 속여 가면서 반드시 서로 연합하고 협력해야 함을 증명하기 위해 무슨 증거를 얼마나 많이 제시한다 해도, 그들이 "성경이 그렇다고 말씀하시면 그런 것이다."라고 믿지 않는다면, 성경적인 협력의 근거는 전혀 없다는 뜻이다. 분별력이 없는 자들만 이런 감언이설에 넘어가는 것이다. 그러나 오늘날 미국에서 이뤄지는 사역은 처음부터 끝까지, "분별력이 없는 자들을 꼬드기는 것"이다.

여기에 밥 존스 시니어가 생전에 읽고 믿었던 두 구절이 그대로 있다. 이 구절들은 존 웨슬리, 조지 휫필드, 스펄전, 피니도 읽은 그대로이며, 〈킹제임스성경〉의 어떤 판본을 찾아도 그대로 있다. 드와이트 L. 무디와 J. 프랭크 노리스도 동일한 구절들을 읽었다.

『**성경은** 하나님**께서 이방인들을 믿음으로 말미암아 의롭게 하실 것을 미리 보고 먼저 아브라함에게 복음을 전파하기를 "네 안에서 모든 민족이 복을 받으리라."고 하였느니라**』(갈 3:8).

『**성경이 파라오에게 말하기를 "이 목적을 위하여 내가 너를 세웠으니 이는 내가 너에게 나의 능력을 보이고 또 내 이름이 온 땅에 선포되게 하려 함이라." 하셨으니**』(롬 9:17).

근본주의자들이 시도 때도 없이 운운하는 "축자 영감받은 원본"은 내버려 두고, 이 두 구절들이 다루는 믿음의 가장 첫 번째 근본사항을 살펴보자. 곧 "성경이 무엇이라고 말씀하시느냐"이다. 그러나 두 구절들은 "주께서 이같이 말씀하신다"라거나 "성경의 무오성"을 증명하기 위해서 사용하는 그런 구절들처럼 평범한 구절이 아니다. 그렇다. 이 구절들은 트루만 달라, A.V. 헨더슨, 로드니 벨, 파스타드, 제임스 프라이스, 프레드 아프만, J.R. 포크너, 제인 하지스, 마이런 씨다홈, E.S. 잉글리쉬, 왈부드 등의 눈에는 이 구절들을 인용하는 것이 "용서받지 못할 죄"로 여겨질 것이다. 이 구절들은 하나님이 아니라 기록된 성경이 기록된 성경을 말씀했다고 말하고 있다. 그러나 그때는 기록된 성경이 존재하지 않았을 때다. 펜사콜라기독대학, 미국침례대학, 산타로스 대학, 리버티대학에 다니는 젊은 남학생 혹은 여학생이 4년 동안 다니면서 성경을 배운다면서 어떻게 이 구절들을 설명하는 것을 한 번도 들어보지 못했을 수 있는가?

1. 이 구절들은 신약의 말씀이다.

2. 이 구절들은 예수 그리스도의 부활이 있은 후 기록되었다.

3. 이 구절들은 그리스도의 몸 안에 있는 구원받은 이방인들이 그 대상이다.

4. 이 구절들은 사도 바울이 이방인들에게 기록한 말씀이다.

5. 이 구절들은 신약적 구원에 관한 두 가지 중요한 "믿음의 근본사항"을 다룬 서신서들에 기록된 말씀이다. 그 근본사항이란 곧 "믿음으로 의롭게 됨"과 "믿음으로 인한 구원의 영원한 보장"이다.

어떻게 "선하고 경건하며 헌신적이며 독실한 성경 학자"들이 "성경을 가르치는 것으로" 먹고 살면서 이런 구절들을 간과하고 지나갈 수 있단 말인가? 첫 번째 구절에서 우리는 『**성경은** 하나님**께서 이방인들을 믿음으로 말미암아 의롭게 하실 것을 미리 보고**』라는 부분을 볼 수 있다.

놀랍게도 이 구절은 성경을 살아 있는 인격체로 묘사하고 있다.

박사학위와 다른 취득학위를 소지한 자들이 성경의 권위를 찬탈하며 단지 성경을 "사용"하기 때문에 성경을 믿는다고 고백하는 자들이 가르치는 신학교에서 이런 구절들을 말하는 행위는 일종의 검열대상이다. 만약 당신이 (먹고 살기 위해서 믿지도 않는 성경을 "사용"하지만) 강의실에서 당신 자신의 의견이나 선호를 은근슬쩍 최종권위로 내세우는 그런 "성경" 교수 혹은 교사라면, 이 구절이 무엇이라고 말하든 간에 신경 쓰지 않을 것이다. 이 구절은 달라스신학원에 있는 타락한 배교자들이 비난하는 "성경 숭배"의 냄새가 난다. 더군다나 이 구절은 갈수록 근본주의자들이 받아들일 수 없는 무시무시한 진리를 말한다. 『**성경은... 아브라함에게 복음을 전파하기를**』

그러면 무엇인가? 이번에는 "하나님" 대신에 "성경"이라는 용어를 쓴 것이다. 성경이 하나님을 대신한 것이다. 다시 읽어 보라. 스프링필드, 알링턴, 워터타운, 그린빌, 차타누가, 달라스에 있는 신학교의 교수진들은 이 구절을 400번 읽어도 이 두 본문을 이해할 수 없다.

필사본 증거, 원문비평학, 고등비평, 성경비평, 성경신학에 대해 조금이라도 배운 자라면 누구나 아브라함 당시 곧 창세기 12장에는 어떤 사람에게 "복음을 전파할" 어떤 성경도 존재한 적이 없다는 것을 알 것이다. 아브라함이 죽고 200년이 훨씬 지나서야 모세는 비로소 창세기를 기록했다.

아브라함에게 어떤 복음을 전파할 『**성경**』도 당시에는 존재하지 않았다. 그러면 어떻게 바울은 갈라디아서 3:8에서 이처럼 극심한 "성경숭배"를 행하여 사람들을 미혹한 것인가? "미리 보는 행위"는 살아 있는 인격체의 일이다. 잉크로 글자를 기록한 종이가 뭔가를 "미리 본다"는 것은 불가능하다. 성경이 어떤 일을 미리 말한다, 예언한다는 것은 말이 되지만 "미리 본다"는 것은 말이 되지 않는다. 그것은 "신격에 속한 한 속성"인 것이다. (제6장 "당신은 주를 아는가?"를 보라.)

여기에서 성경은 아브라함이 잉크로 기록한 파피루스, 벨럼, 오스트라카, 가죽, 나무, 흙판 등으로 기록된 어떤 종류의 성경도 없었을 때 성경이 그에게 뭔가를 전파했다고 말하고 있다. (자세히 읽어 보라. 『**성경은** 하나님**께서 이방인들을 믿음으로 말미암아 의롭게 하실 것을 미리 보고**』) 왜 바울은 우리에게 진리를 말하지 않았는가? 창세기 12,14,24장과 다른 모든 곳에서 아브라함에게 말씀하시고 전파하신 분은 바로 하나님이시다.

(당신이 트루만 달라나 그를 가르친 자를 믿는다면) 바울이 어리석게 신성모독의 죄를 저질러 하나님의 속성 중의 하나를 기록된 성경에 부여하고 실제 전파한 당사자인(창 12:1-4) 하나님 대신에 『**성경**』이라는 용어를 사용한 것이다(갈 3:8).

그들은 바울이 정말 엄청난 이단 교리를 가르쳤다고 생각할 것이다!

(우리가 테네시템플대학의 교직원과 교수진처럼 생각한다면) 바울은 이단적인 "럭크만파"의 거룩하지 않은 신성모독을 자행했을 뿐만 아니라, 명명백백하게 이단적인 성경 숭배자들을 낳고 있는 것이다. 왜냐하면 바울은 갈라디아서 3:8에 만족하지 않고, 로마서 9:17도 기록했기 때문이다.

『**성경이 파라오에게 말하기를 "이 목적을 위하여 내가 너를 세웠으니 이는 내가 너에게 나의 능력을 보이고 또 내 이름이 온 땅에 선포되게 하려 함이라." 하셨으니**』(롬 9:17)

『**성경이 파라오에게 말하기를**』

성경은 한 번도 파라오에게 말한 적이 없다.

모세가 파라오 앞에 섰을 때 파라오에게 뭔가를 말할 성경이 기록되지도 않았다. 바울이 인용하는 구절은 사실 파라오를 대상으로 말한 것도 아니다. 바울이 인용하는 구절은 (『**이 목적을 위하여 내가 너를 세웠으니**』) 전혀 성경이 말한 것이 아니다. 그 말씀은 성경이 말한 것이 아니라 하나님께서 모세에게 파라오에게 말하라고 그분의 입으로 하신 말씀이다.

주일학교를 다닌 사람이라면 누구나 이 구절이 출애굽기 9:16에서 인용한 것인 줄 알 것이며, 그 구절은 『**주께서 모세에게 말씀하시기를**』로 시작한다(출 9:13).

이방인들을 위한 사도인 바울은 (그는 성경대로 믿는 그리스도인들에게 자신을 모범으로 따르라고 명령했다. 고전 4:16, 딤전 1:16) 하나님과 성경의 기록된 말씀들을 제대로 구별하지 않았던 것이다.

독자는 이렇게 말할지도 모른다. "그래요, 바울은 성경을 인용하고 있었고, 그때에는 이미 그 성경이 기록되어 있었잖아요."

그렇다. 그러나 바울은 단지 "성경이 말하기를"이나 "성경에 기록되기를"이나 "이렇게 기록된 성경이 이루어졌으니"라고 말하지 않고, 『**성경이 파라오에게 말하기를 "이 목적을 위하여 내가 너를 세웠으니 이는 내가 너에게 나의 능력을 보이고 또 내 이름이 온 땅에 선포되게 하려 함이라." 하셨으니**』라고 말한다.

이제 독자들도 분명히 알 수 있듯이, 로마서 9:17에서 『**내가**』와 『**나의**』는 성경을 말한다. 왜냐하면 처음에 『**성경이 파라오에게 말하기를**』이라고 주어를 밝히고 있기 때문이다.

언젠가 학교에서 북극곰에 대한 책을 읽고 독후감을 쓰라는 숙제를 받고 한 소년이 숙제를 다 하고 학교에 가서 이렇게 말했다고 한다. "이 책은 제가 북극곰에 대해서 알고 싶지 않은 것도 알게 해줬어요." 바울은 마라나타, 밥존스대학, 테네시템플 등의 교수진들보다 훨씬 더 성경을 높이고 있는 것이다. 그는 신약 서신서에서 두 번이나 『하나님』이 들어가야 할 자리에 『**성경**』이라는 단어를 넣었으며, 이는 실수가 아니었다. 바울은 자신이 어떤 일을 하고 있는지 정확하게 알고 있었다. 배교의 때인 라오디게아 교회 시대를 사는 근본주의자들이 아무리 열심히 좇아가려 해도 바울은 그들이 따라잡기에 너무 고상한 믿음을 가졌던 것이다.

이런 엄청난 "이단 교리"에 대해서 당신의 목사와 교수는 뭐라고 말하는가? 아마 성경을 모르는 자는 이런 구절을 보고 너무 놀라서 입이 쩍 벌어질 것이다. 신학교의 교수들은 이런 "성경 숭배" 때문에 교육받은 학자들로부터 놀림을 받느니 차라리 자신의 목을 베어버리려 할 것이다. 그러나 장차 미국은 카톨릭 국가-교회가 다스리는 나라가 될 것이며, 성경대로 믿는 그리스도인들에게 "성경 숭배"라는 죄목을 씌우며 놀릴 것이다. 모든 보수주의 대학들과 기독대학들과 신학교들의 50,000명에 달하는 졸업생들에게 이 두 구절은 "감추어진 진리들"이다. 이 두 구절은 기록된 하나님의 말씀을 너무나 높은 위치에 두기 때문에, TV에 중독되어 자란 기만당한 멍청이들은 도무지 이 두 구절들을 이해할 수 없다. 그들은 기록된 하나님의 말씀들을 원어사전들과 원어 문법서들과 주석서들과 변개된 성서들과 "연구 자료들"로 대체시켜 버렸다.

그러나 이 두 구절이 가르치는 그 핵심 진리는 더 강력한 것이다.

바울이 이 두 구절을 출애굽기와 창세기에서 인용했을 때, 바울의 동서남북 사방 500,000,000마일 둘레 안에는 출애굽기나 창세기의 "축자적으로 완전히 영감받은 원본"이 존재하지 않았다.

바울은 당시 자신이 읽고 있던 성경에 너무나 강력한 능력이 있음을 알고 로마서 9:17과 갈라디아서 3:8에서 『하나님』이라는 단어 대신에 『**성경**』을 넣었다.

이것이 이 두 구절이 말하는 진리다.

바울이 디모데후서 3:16에서 『**성경**』이라는 단어를 사용했을 때, 그것은 디모데가 가졌고 읽었던 성경을 지칭한 것이다. 도날드 웨이트(Donald Waite)는 미국 전역을 다니며 디모데후서 3:16을 "증명 구절"로 인용하며 "럭크만주의"는 이단 교리라고 비난하고 돌아다닌다. 그러나 도날드 웨이트는 지난 20년 동안 "표준원문을 수호한다"면서 디모데후서 3:16의 문맥인 디모데후서 3:15은 제시하지 않았다. 교활한 여우는 항상 자신의 발자국을 지우는 법을 아는 것이다.

에디오피아 내시가 성경을 열어 읽고 있었을 때(행 8:35), 그는 "축자적으로 완전히 영감받은 원본"을 읽고 있었던 것이 아니다. 사도행전 8:32에서 에디오피아 내시가 이사야서의 "원본"을 가지고 있었다고 가르치는 것이야말로 이단 교리다. 그러면 "원본"을 운운하는 자들이 디모데후서 3:16의 "성경"이 원본을 말하는 것이라고 주장하는 것이 얼마나 말도 안 되는 소린지 생각해 보라! 정말 반쯤 미친 광신자들이 하는 소리인 것이다! 그 내시는 『**성경**』을 읽고 있었고(행 8:32) 『**모든 성경은** 하나님**의 영감으로 주어진 것**』이다.

바울의 "축자적으로 완전히 영감받은 원본들"은, 즉 우리가 다루고 있는 로마서와 갈라디아서의 이 구절들은 창세기와 출애굽기의 사본들의 역본들에 불과했다. 근본주의자들은 "영감받은 번역본 같은 것은 존재하지 않는다"고 가르치기 때문에, 바울이 신약의 갈라디아서 3:8과 로마서 9:17에서 인용한 이 말씀들은 신약성경의 일부지만 영감받지 못한 것이 된다. 왜냐하면 신약의 이 구절들 자체가 창세기와 출애굽기의 번역이기 때문이다.

"원본"과 "원어"만을 신성시하는 근본주의자들에게 이 진리를 설명해 보라고 하라.

밥존스대학의 교직원들과 교수진은 이런 진리를 소화시키지 못한다. 하나님께서 그들과 유사한 자들을 지난 400년 동안 이 진리를 이해하지 못하게 만드신 것이다.

제 5 장

주를 알아가는 것

『**그들이** 하나님**을 안다고 고백하나 행위로는 부인하나니, 가증한 자요, 불순종하는 자요, 모든 선한 일에 버림받은 자들이라**』(딛 1:16).

앞 장에서 우리는 밥존스대학의 출판사가 펴내는 〈Faith Magazine〉과 리버티대학이 출간하는 〈Fundamentalist Journal〉에 기고하는 근본주의자들의 눈에는 바울이 "성경 숭배"의 죄를 행한 것으로 보임을 알았다. 그러나 성경을 믿는 우리에게는 전혀 이상하지 않다. 〈킹제임스성경〉을 하나님의 말씀으로 또한 최종권위로 믿는 그리스도인들을 "럭크만파"라고 부르기 좋아하는 학교들은 모두 이러한 구절들에 직면할 때, 바울을 사악한 "성경 숭배자"로 여길 것이다. 우리도 하나님의 말씀을 모르는 이런 "기독교 교육 기관"들은 없어도 아무 문제가 없다고 생각하며 계속 논의를 진행할 것이다.

이제 우리는 기독교대학과 신학교들에서 사는 교육받은 "동료들"을 추수감사절 오후 칠면조 농장처럼 조용하게 만들 또 다른 두 구절을 살펴볼 것이다.

사무엘상 3:1에서 우리는 『**당시에는 주의 말씀이 귀하여**』라는 말씀을 읽는다. 그리고 같은 장 7절에서 계속해서 『**사무엘이 아직 주를 알지 못하였고, 주의 말씀이 아직 그에게 계시되지도 아니하였더라.**』고 말씀하신다. 여기서 끝나는 것이 아니다. 같은 장에서 또 한 번 이렇게 말씀하신다(21절). 『**주께서 실로에 다시 나타나셨으니, 이는 주께서 실로에서 사무엘에게 주의 말씀으로 자신을 나타내셨음이더라.**』

이 세 경우 모두 성경은 주께서 누군가에게 나타나셔서 주께서 무엇을 말씀하시는 것을 말하고 있음을 주목하라. 사무엘상에서 주께서 말씀하신 말씀은 가시적인 "신적 출현"(Theophany)으로 나타나셔서 말씀하신 것이다. (『**당시에는 주의 말씀이 귀하여, 환상은 나타나지 않았더라.**』) 이렇게 주께서 사무엘에게 하신 말씀 중에 우리는, 『**사무엘이... 그분의 말씀들이 하나도 땅에 떨어지지 않게 하시더라.**』고 하신 것을 읽는다.

이 구절들을 사무엘상에 있는 다른 구절들과 함께 놓으면, 헬라어나 히브리어 교수들만 깨닫지 못하는 진리를 알 수 있다. 곧 『**주의 말씀**』(삼상 15:23)이 『**주의 계명**』(삼상 15:24)과 동의어이며, 사무엘은 이것을 『**주의 말씀의 음성**』(the voice of the words of the LORD)이라고 부른다(삼상 15:1). 이 말씀들을 함께 놓으면, 라오디케아 교회 시대의 기독교 학자들을 완전히 뭉개버리는 또 다른 성경적 진리를 알 수 있다. (곧 커스터, 닐, 파노시안, 위즈덤, 섬너, 달라, 뷀스트, 조디에이츠, 홀트, 트렌취, 떼이어, 베리, 메츠거, 알란드, 파스타드 등은 이런 진리를 도저히 알 수도 없고, 이런 진리를 접하면 어찌할 바를 모른다.)

지금까지 우리가 살펴본 진리는 히브리서 4:12이 말씀하시는 것과 정확하게 일치하는 진리이다. 히브리서 4:12에서 『**우리가 회계해야 하는 그분**』은 바로 만물이 벌거벗은 채로 그 앞에 서야 하는 바로 『하나님**의 말씀**』이며, 이 『하나님**의 말씀**』이 사람들의 생각을 분별하시는 분이시다.

이처럼 기록된 말씀들을 (사무엘은 복수의 표현을 썼다.) 하나님과 비교하는 것은 죄와 질병과 죽음보다 조롱받는 것을 더 싫어하는 현대의 보수주의와 복음주의 신학교들에서 가르치는 교수진들에게 출혈성 위장병과 갑작스러운 심장마비를 일으킨다.

이 구절들은 우리 눈 앞에 세 가지의 "있는 그대로의 진리들"을 제시한다. 이 세 가지 진리는 성령께서 직접 명령하신 것이며, 성령께서는 하나님의 말씀들을 기록하신 저자시며, 그분은 신격의 세 번째 구성원이시다.

1. 하나님의 말씀들을 접할 수 없으므로(암 8:11) 하나님의 말씀들이 "귀하게" 되어 『**땅에 기근**』이 생기는 일이 발생할 수 있다.

2. 하나님께서 그분 자신을 사람에게 계시하실 때, 하나님께서는 자신을 『**말씀**』으로 계시하신다. (데살로니가인들은 하나님의 말씀을 들었을 때, 그것을 "사람의 말로 받아들이지 않고" 있는 그대로 진실되게 『하나님**의 말씀**』으로 받아들였다. 우리는 이러한 진리로 인해 하나님께 감사드린다. 살전 2:13)

3. 하나님께서는 자신을 그분의 『**말씀**』(word)으로 계시하실 뿐만 아니라 그 대화도 『**말씀들**』(words)로 이뤄져 있다(삼상 3:19). (신정

통주의자들은 요한복음 1:1-2에 나온 대문자 『말씀』(Word)을 소문자 『**말씀**』(word)과 함께 씀으로써 기록된 말씀을 추상적인 것으로 만들었다.) 마지막으로 사람이 주의 말씀을 알지 못하는 것은 곧 『**주**』를 알지 못하는 것이다(삼상 3:7). 주 예수 그리스도를 아는 지식은 절대적으로 그분의 『**말씀**』(word)과 『**말씀들**』(words)을 깨닫는 것에 달려 있다(롬 10:17, 요 8:47을 보라).

모든 진리가 너무나 명확하며, 오직 히브리어 교수나 헬라어 교수들을 빼고는 이 진리를 깨닫지 못할 사람이 없다. 그런 자들은 평생토록 하나님의 말씀을 "복원"한다고 하지만 사실 하나님의 말씀들을 제거하는 것을 업으로 알고 사는 자들이다.

예수님께서 말씀하셨다.

1. 주님의 신성과 주님의 아버지의 신성에 관한 지식은 독자가 하나님의 말씀들을 받아들이는가 그렇지 않는가에 달려 있다(요 17:8, 이 구절에서도 대문자 『**말씀**』이 아니다).

2. 『**나를 사랑하는 사람은 내 말들을**[my words] **지키리니**』라고 하셨다(요 14:23) 여기서도 대문자 하나님의 "말씀"(Word)이 아니다.

3. 이 말씀들은 그의 아버지께로부터 온 것이다(요 14:10).

4. 기도들에 응답하심도 이 말씀들을 지키는 자에게 주신 약속이다(요 15:7) 여기서도 대문자 하나님의 "말씀"(Word)이 아니다.

당신은 하나님께서 영감으로 주시고 섭리로 보존된 말씀들을 가지고 있는가?

당신은 그 말씀들을 지키는가?

당신을 가르친 사람은 당신이 가진 그 말씀들을 지키는가? 당신의 설교자는 그 말씀들을 지키는가? 죽었거나 살아 있거나 근본주의자들은 그 말씀들을 본 적이 없다고 말한다. (근본주의자들은 "축자적으로 완전히 영감받은 원본들"이 참된 하나님의 말씀들이라고 믿는다. 그것이 그들의 믿음의 고백이다.) 그렇다면 하나님께서 왜 당신에게 보지도 못한 말씀들을 지키라고 하셨겠는가?

하나님께서는 말씀들이 주어질 당시나 오늘이나 똑같이 그분의 말씀들을 통해서 죄인들에게 자신을 계시하신다. 필자는 당연히 독자가 하나님의 말씀들을 찾을 수도 있고 그 말씀들을 읽을 수도 있다고 믿는다.

이 말씀들은 구원받았든지 그렇지 않든지, 미국에 있는 모든 소위 "기독교" 교파와 학파 곧 신복음주의, 자유주의, 근본주의, 로마카톨릭에 속한 모든 주요 신학자들에게 감추어진 말씀이다. 왜냐하면 그들은 "원본들"만이 하나님의 말씀들이라 생각하는데, 그 원본은 존재하지 않기 때문이다.

당신은 31,000개 이상인 성경의 구절들에 대해 무지하고 싶은가?

모든 주요 헬라어, 히브리어 학자들은 성경 구절들을 알고 싶어하지 않는다. 왜냐하면 그들은 도날드 웨이트처럼 성경을 한 번도 본 적이 없다고 생각하기 때문이다. 즉 31,000구절 중의 단 한 구절도 본 적이 없다고 생각하는 것이다. (그들은 "원본"만이 참된 하나님의 말씀들을 담은 "성경"이라 믿기 때문이다.)

제 6 장

당신은 주를 아는가?

『예수께서 그에게 말씀하시기를 "빌립아, 내가 너희와 그처럼 오랜 시간을 있었는데 네가 나를 모르겠느냐? 나를 본 자는 아버지를 보았느니라. 그런데 어찌하여 '아버지를 보여 주소서.'라고 말하느냐?』(요 14:9)

성령께서는 지난 수세기 동안 대학을 졸업하고 신학대학원에서 석사와 박사 학위를 취득하는 자들의 지성을 완전히 망가뜨리는 아주 나쁜 습관을 가지고 계시다. 우리가 자주 말한 바와 같이, "주님께서는 모든 사람을 다룰 수 있는 도구를 가지고 계신다." 사람들이 성경을 망치려 들면, 주님께서는 그들의 지성을 망가뜨리신다(1-2장을 보라). 만약 당신이 이 일이 실제로 일어나는 과정을 보고 싶다면, 필자가 쓴 〈Custer's Last Stand〉를 구해 읽어 보라(Pensacola Bible Institute Press, 1982). 필자는 그 책에서 밥존스대학의 성경학부 학장인 커스터가 주 예수 그리스도의 인격에 대해 무엇이라고 말하는지 분석해 놓았다. 이 불쌍하고 기만당한 천치는 학위들을 취득했다는 이유로 수백 명의 젊은 남녀 학생들에게 매년 주 예수 그리스도께서는 누구에게도 결코 친절하지 않은 말을 한 적이 없고 사람들을 다룰 때 한 번도 거칠게 대하거나 조롱하신 적이 없다고 가르쳤다. 이런 디즈니랜드 식의 신학을 가르치려면 구약의 500구절 이상을 거부하고 신약에서도 약 50구절 이상을 무시해야 한다. 커스터에게는 성경의 550구절이 "감추어진 진리들"인 것이며, 이는 그의 미신적인 아테네인 조상들처럼(행 17장) 초등학교 6학년도 알 수 있는 평이한 활자체로 인쇄된 모국어 성경도 이해하지 못하는 것이다. 좀 더 정확하게 말하면, 하나님의 말씀들을 다룰 때 성경 자체가 그에게는 마치 콥트어로 된 전화번호부인 것처럼 무슨 말인지 전혀 알아듣지 못하는 것이다.

우리 모두는 『하나님**께서는 육신으로 나타나셨고**』라는 말씀을 알고 있다. 더 나아가 우리는 마태복음과 마가복음과 누가복음과 요한복음에 기록된 우리 주 예수 그리스도께서 가르치신 대화들을 갖고 있으며, 주님의 사역과 함께 일어난 사건들 또한 알고 있다. 확실히 이것으로 우리는 주님의 성품과 인격에 대해서 온전히 알 수 있다. 적어도 이것이 미국의 모든 주요 신학교가 가르치는 바다.

그러나 이런 가르침은 우리 구주께서 가지신 의견들과 주께서 취하신 태도들이 어떠했는지 알 수 있고 주님의 가장 내밀한 인격에 관해 알 수 있는, 하나님의 말씀에서 찾을 수 있는 가장 귀한 정보의 상당 부분을 찾을 수 없게 만든다. 인격체는 당연히 "인격"(personality)를 가지고 있으며 인격체이신 하나님도 예외가 아니다. 신약성경만으로 주님의 인격을 완전하게 알 수 없다. 왜냐하면 구약에는 주님께서 자기 자신에 관해 1인칭으로 말씀하신 본문들이 많이 있기 때문이다.

예수님께서 신약에서 자신에 관해 말씀하신 진술들은 아버지 하나님과 가지는 관계에 의해 크게 제약을 받은 것이다(마 11장, 요 5-7,10,14,17장). 주님께서 자신에 관해 말씀하실 때, 주님은 자신을 『**선한 목자**』, 『**생명의 빵**』, 『**생수**』, 『**길이요 진리요 생명**』 등으로 나타내셨다. 또한 주님은 하나님께 나아가기 위해서 자신에게 오도록 초청하셨다(마 11:27). 그러나 주님은 그분 자신에 관한 개인적인 의견은 거의 말씀하지 않으셨다. 주님께서 자신의 회중들에게 설교하시고(마 5-7장) 또한 종교적인 위선자였던 서기관과 바리새인들을 대적하여 설교하셨다는 것은 사실이다(마 23장, 요 8장). 또한 주님께서 사람들에게 많은 것들을 가르치시는 데 많은 시간을 할애하신 것도 사실이다(마 13,24장, 막 13장, 눅 17,21장 등). 그러나 사복음서에서 찾을 수 없는 것을 이사야 40-48장에서 찾을 수 있고, 이사야서에서는 하나님께서 1인칭 단수로 자신에 관해 말씀하신다. 여기서 하나님의 진짜 인격이 밝히 빛나는 것이다. 그 인격은 반인본주의, 반카톨릭, 반진화론, 반-대중매체, 반-과학, 반-연민이다. 요컨대, 이사야 40-48장은 전능하신 하나님을 너무나 무섭게 묘사하고 있기 때문에 자신의 "이미지"를 선하게 보이게 만들기 원하는 미국의 모든 보수주의자, 복음주의자, 은사주의자, 근본주의자들은 그들의 생각에서 이 구절들을 완전히 지워 버렸다.

『거룩한 분**이 말하노라. 그런즉 너희가 나를 누구에게 비기며, 또한 내가 누구와 동등하게 되겠느냐?**』(사 40:25)

이 구절은 인류에게 한 질문을 던진다. 왜 교육받은 진화론자는 이 질문에 답하지 않는가? 하나님께서는 이 질문을 지난 2,600년 동안 게시해 놓으셨다.

『**주가 말하노니 너희는 송사를 일으키라. 야곱의 왕이 말하노니 너희의 강력한 주장을 내어 놓으라**』(사 41:21).

철학자들, 과학자들, 교육자들, 언론인들은 모두 믿음은 비합리적이고(비이성적이고) 과학은 합리적이기 때문에 종교와 과학을 같은 범주에 놓는 것은 안 된다고 말한다. (다윈, 헉슬리, 파일리, 리예, 헤켈 등을 추종하는 자들이 쓴 책들을 보라.) 전능하신 하나님께서는 플라토가 태어나 사람들과 "이성"에 관해 토론을 벌이기 400년도 전에 이 멍청이들에게 이렇게 공개적으로 도전장을 내셨다.

『**그들로 주장들을 내어 놓고 무슨 일이 일어날지를 우리에게 보이게 하라. 그들로 이전 일들을 보이게 하여, 그것들이 무엇이든지 간에, 우리로 그 일들을 숙고하고 그 일들의 나중 결말도 알게 하라. 아니면 앞으로 있을 일들을 우리에게 선포할지니라. 이후에 있을 일들을 보여 주어 우리로 너희가 신들인 것을 알게 하라. 정녕, 선을 행하거나 악을 행하라. 우리가 놀라며 그것을 함께 보리라**』(사 41:22-23).

하나님께서는 모든 무신론자들, 불가지론자들, 파시스트들, 인본주의자들, "제3제국"주의자들, 교황들, 공산주의자들, 카톨릭들, 진화론자들, 사회주의자들을 불러 (이들은 이름만 다르지 똑같은 자들이다.) 『**주장들**』을 내놓으라 하셨으며, 하나님께서 친히 그들의 『**주장들**』(reasons)의 "합리성"(reasonableness)을 심판하는 기준을 확립해 놓으셨다. 그러나 주님께 덤비는 자가 아무도 없고, 앞으로도 주님 앞에 나서지 못할 것이다. 왜냐하면 하나님께서 세우신 기준은 예언하는 능력이기 때문이다. 주님께서 사도 요한에게 말씀하셨듯이, 『예수**의 증거가 예언의 영이기 때문**』(계 19:10)이다.

또한 조롱과 비아냥거림이 하나님의 "인격"의 일부임을 주목하라.

『**정녕, 선을 행하거나 악을 행하라. 우리가 놀라며 그것을 함께 보리라. 보라, 너희는 아무것도 아니며 너희의 일은 헛것이라. 너희를 택한 자는 가증함이라**』(사 41:23-24).

미국 기독교 TV 프로그램인 PTL에서는 결코 이런 말씀을 전하지 않는다.

당신은 결코 에큐메니칼 공회에서 이런 말씀을 인용하는 것을 들어보지 못했을 것이다.

또한 당신은 어떤 교황도 이 구절을 논의하는 것을 들은 적도 없을 것이며, 앞으로도 그런 일은 없을 것이다.

전능하신 하나님께서 인류에게 『**선을 행하거나 악을 행하라.**』고 말씀하시며, 사람들이 듣든지 말든지 전혀 상관하시지 않는다. 주님께서는 조금도 신경 쓰지 않으신다.

즉 교육받은 근본주의자들이 전혀 알지 못하는 하나님의 내밀한 인격에 대한 것들이 있으며, 심지어 그들은 감히 이런 것들에 대해서는 말하는 것도 기피한다.

23절은 율리우스 슈트라이허(Julius Streicher, 1930-1940) 이후로 가장 반유대적이며 잔인하기 짝이 없고 독설적인 비아냥거림이다. 당신이 무엇을 하든지 당신은 삼위일체 하나님을 "낙담"케 할 수 없다. 당신이 미래를 예언하지 못한다면(22절), 당신은 "과학적"이지 못한 것이다. 하나님께서 말씀하시는 예언은 성취되기 800년 전에 발설하여 한 치의 오차도 없이 성취되는, 수학적 확률로는 성취가 불가능한, 고도로 정밀한 예언이다. 심리학, 사회학, 인본주의, 철학 등은 과학적으로 정확하지 않다. 수학과 성경 예언은 둘 다 정확하며, 그것이 바로 하나님께 속한 영역인 것이다.

예를 들어 예수 그리스도의 초림에 관한 48개의 예언들이 모두 성취될 수 있는 가능성은 10의 147승 분의 1이다. 우리 모두는 지금까지 알려진 우주 전체에 있는 전자들을 다 모아도 그 정도로 많지 않음을 안다. 지금 우리가 사는 우주가 세 개가 있다고 해도 모든 전자의 수를 합쳐도 그렇게 많을 수는 없다. 성경 예언들의 성취 확률이 이처럼 컴퓨터와 일종의 "개연성"의 영역을 뛰어넘는 수학적 불가능이기 때문에, 주님께서는 인간에게 그분 자신의 가치를 수학적으로 측정하면 어떻게 되는지 말씀하셨다.

『**보라, 너희는 아무것도 아니며 너희의 일은 헛것이라**』(사 41:24).

『**아무것도 아니며**』, 『**헛것**』이라고 말씀하셨다. 숫자 영이 두 개 있는 것이며, 공백이 두 개 있는 것이다. 그러고 보면 다윗이 한 말이 참으로 옳다. 『**사람이 무엇이기에 주께서 그를 마음에 두시며 인자가 무**

엇이기에 주께서 그를 돌보시나이까?』(시 8:4)

미국주립대학에서 지질학, 생물학, 화학, 식물학 등을 가르치는 어떤 교수도 위의 구절을 직면하고 정직하게 이 구절을 대하지 않았다. 사실 500여 개에 달하는 주간신문, UN, 미국외교협회(CFR), 4억 명의 로마카톨릭, 상원과 하원, 미국흑인인권단체(NAACP), 추기경단, 미국의학협회, 미국국세청(IRS), 미국교육협의회(NEA), 미국의 모든 판사들 등은 이런 구절들을 전혀 알지 못한다.

이사야 40-48장에 대한 무지는 가히 전 세계적이다.

『**하늘들을 창조하시고 그것들을 펼치셨으며, 땅을 펴셨고, 거기에서 소산을 내시고, 그 위에 있는 백성들에게 호흡을 주시며, 그 안에 다니는 자들에게 영을 주신 분이신** 하나님 **주가 이같이 말하노라**』(사 42:5).

여기서 하나님께서는 그분이 하늘들을 창조하셨으며, 땅도 그분이 만드셨고 (신약에서 주 예수 그리스도께서는 이 말씀에 동의하셨다, 막 13:19) 땅에서 자라나는 모든 것도 하나님께서 하신 일이며, 마지막으로 그분이 친히 지구상에 있는 모든 사람에게 생명을 주시는 분이시라고 말씀하신다. 믿음을 버린 "종교 뉴스 서비스"를 위한 "종교 기자"는 귀를 쫑긋 세우고 이 말씀에 "진화론은 창세기의 창조론에 살과 뼈를 붙이는 것이지요."라고 말하려 하자, 주님께서 다시 말씀하신다. 『**나는 주니 그것이 내 이름이라. 나는 내 영광을 다른 자에게... 주지 아니하리라.**』 소위 "어머니 지구"나 "다윈"에게 하나님께서는 절대로 우주의 창조에 대해 어떤 공로도 돌아가게 하시지 않는다. 그들은 낙제다.

하나님께서 인간이 얼마나 똑똑한가 또한 인간이 실제로 얼마나 아는가를 판단하시는 기준은 "예언"이다. 즉 예언할 수 있는 능력이 있는가이다. 곧 수학으로 세워진 확률 법칙들에 의해서 예언을 할 수 있는가이다(사 41:21-23). (지난 200년 동안 진화론자들이 쓴 책들에서 그렇게 말하는 대로) 인간이 알지 못하는 힘에 돌리는 모든 것을 하나님께서는 자신의 능력과 덕택이라고 말씀하실 뿐만 아니라, 주님의 이와 같은 자랑을 부인하는 교육받은 진화론자들과 인본주의자들의 얼굴 앞에 예언을 던지신다. 『**보라, 이전 일들이 이루어졌으며, 내가 새 일들을 선포하나니 그 일들이 시작되기 전에 내가 그 일들을 너희에게 말하노라**』(사 42:9).

왜 모든 지성인들이 이와 같은 영역에 있어서는 "싸움을 해 볼" 생각도 하지 않는가? 여기에 하나님께서 도전장을 내셨다. 도전장이 인간에게 던져졌다. 하나님께 덤비는 그들은 어디 있는가? 만약 이 교육받은 천치들이 그렇게 "빅뱅" 이론을 높이 평가한다면, 또한 "무기물에서 낙원으로" 인류는 진화해 간다는 종교적 믿음을 그렇게 숭앙한다면, 또한 사람들에게 돈을 뜯어내는 것을 주목적으로 하는 교육기관들이 그렇게 철두철미하게 "과학적"이라고 한다면, 또한 그들이 창세기의 창조 사건이 "비과학적"이라고 생각한다면 (미국의 판사들과 폰티오 빌라도가 태어나기 전에 죽었던 헬라 철학자들도 그렇게 생각했다), 왜 그들은 성경이 그렇게 했듯이 수학 분야에 뛰어들어서 성경과 경쟁하지 않는가?

조금 긴장되는가?

수학이 너무 객관적이라서 염려되는가?

역시 사회학이나 철학을 고수하는 게 낫겠다고 여기는가?

이마에서 식은땀이나 닦으시게!

필자가 이 장에서 인용한 말씀들은 예수 그리스도께서 태어나시기 800년 전에 주어졌으며, 2,600년이 지난 지금 살았든지 죽었든지 그 어떤 인본주의자도, 그 어떤 심리학자도, DNA와 RNA와 아미노산과 세포 내의 단백질합성 세포소기관인 리보솜(ribosomes) 등을 연구하는 그 어떤 과학자도, 그 어떤 철학자도 하나님의 도전에 응수하려고 시도조차 하지 못했다. B.C. 700년에도, B.C. 600년에도, B.C. 500년에도, B.C. 400년에도 없었고, A.D. 200년에도, A.D. 500년에도, A.D. 1000년에도, A.D. 1200년에도, A.D. 1500년에도 인류 역사상 단 한 사람도 하나님의 도전에 응답하지 못했다.

『**주가 말하노라. 너희는 나의 증인들이요 내가 택한 나의 종이니 이는 너희가 나를 알고 나를 믿고 내가 그인 것을 알게 하려는 것이라. 내 앞에 지음을 받은** 하나님**이 없었으며, 내 뒤에도 없으리라. 나, 곧 나는 주요, 나 외에는 구주가 없느니라. 너희 가운데 어떤 이방 신도 없었을 때, 내가 선언하였고 구원하였으며, 또 내가 보여 주었도다. 그러므로 너희는 나의 증인들이요, 나는** 하나님**이라, 주가 말하노라. 정녕, 날이 있기 이전부터 나는 그니 내 손에서 구해 낼 자가 없도다. 내가 실행하리니, 누가 그것을 저지하리요?**』(사 43:10-13)

위의 본문에서 보듯이 하나님의 인격에서 이런 면모는 신약성경에서는 좀처럼 찾을 수 없다. 예수 그리스도께서 자신을 하나님으로 나타내실 때는 대개 매우 신중하고 부드럽게 말씀하실 때다. 즉 하나님의 면모를 완전히 드러내시는 부분이 없다. 그러나 이사야서에서는 경건한 낮아지심이 없다. "겸손"하려고 하시는 부분도 보이지 않는다. 산더미와 같은 파도처럼 강력한 말씀을 선포하실 뿐이다.

『**나, 곧 나는 주요, 나 외에는 구주가 없느니라... 나 주가 아니냐? 나 외에 다른** 하나님**이 없나니 공의로운** 하나님 **곧** 구주**가 나 외에는 없느니라. 땅 끝들에 있는 모든 자들아, 나를 쳐다보고 구원을 받으라. 이는 내가** 하나님**이요, 다른 이가 없음이니라... 나 외에** 하나님**이 있더냐? 정녕, 다른** 하나님**은 없나니 나는 아무도 알지 못하노라**』(사 43:11; 45:21-22; 44:8).

정말 대단한 말씀이 아닌가! 그러나 하나님께서 자신의 책에서 그분을 계시하시는 것이 이것으로 끝났다고 생각하지 말라.

『**나는 주요, 아무도 다른 이가 없나니 나 외에 다른** 하나님**이 없느니라. 네가 나를 모를지라도 내가 너를 띠로 동였노라**』(사 45:5).

『**이제는 나, 곧 내가 그인 줄 알라. 나와 함께하는 신이 없도다. 나는 죽이기도 하고 살리기도 하며 상하게도 하고 낫게도 하나니 내 손에서 건져낼 수 있는 자가 없도다. 내가 하늘에 내 손을 들고 말하노니, 나는 영원히 사노라**』(신 32:39-40).

위의 본문에는 『**또** 아들**과** 아들**이 아버지를 계시하고자 하는 자 외에는 누가** 아버지**인지** *아무도 모르나이다.*』나 『**나로 말미암지 않고는** 아버지**께로 올 사람이 아무도 없느니라.**』와 같은 온화한 말씀이 없다.

『**하늘들을 창조한 주가 이같이 말하노라.** 하나님**은 스스로 땅을 조성하고 만들었으며, 그는 그것을 견고히 세우되 헛되이 창조하지 아니하셨으니 사람이 거주하도록 조성하였느니라. 나는 주라. 아무도 다른 이가 없느니라**』(사 45:18).

『**너희는 고하여 그들을 가까이 데려오라. 그들로 서로 상의하게 하라. 옛날부터 이것을 선포한 자가 누구냐? 그때부터 그것을 말한 자가 누구냐? 나 주가 아니냐? 나 외에 다른** 하나님**이 없나니 공의로운** 하나님 곧 구주**가 나 외에는 없느니라. 땅 끝들에 있는 모든 자들아, 나를 쳐다보고 구원을 받으라. 이는 내가** 하나님**이요, 다른 이가 없음이니라**』(사 45:21-22).

『**너희는 오래된 이전 일들을 기억하라. 나는** 하나님**이요, 다른 이는 없느니라. 나는** 하나님**이요, 나 같은 이가 없느니라**』(사 46:9).

하나님께서 그분 자신을 절대 진리, 절대적인 거룩하심, 절대적인 하나님으로 말씀하시는 진술들에서 그 증명은 다시 예언하시는 능력이라고 말씀하신다.

『또 내가 너에게 어두움의 보물들과 은밀한 곳들에 감추어진 재물들을 주리니 그러면 너는 너를 지명하여 부른 주, 곧 내가 이스라엘의 하나님**인 것을 알게 되리라... 나는 주요, 아무도 다른 이가 없나니 나 외에 다른** 하나님**이 없느니라. 네가 나를 모를지라도 내가 너를 띠로 동였노라. 사람들이 해가 뜨는 곳과 서쪽에서부터 나 외에 다른 이가 없는 것을 알게 되리라. 나는 주요, 아무도 다른 이가 없느니라』**(사 45:3,5-6).

미국의 대표적인 무신론자였던 매덜린 머리 오헤어나 미국과학발전학회는 왜 이 말씀에 대꾸도 하지 못하는가? 시민자유연합과 카톨릭명예훼손모임도 왜 아무 말이 없는가? 미국에 있는 모든 교회 학교를 폐교시키려고 안간힘을 쓰는 미국교육협회에 속한 15,000명에 달하는 인본주의자들에게 무슨 일이 생겼는가? 왜 꿀 먹은 벙어리처럼 말을 못하는가?

예언할 것이 아무것도 없는가?

알고 보니 본인이 그렇게 똑똑하지 않다는 것을 알겠는가?

성경은 아직 성취되지 않은 500여 개의 사건들을 예언하고 있으며, 그 예언들의 80% 정도가 이름들, 장소들, 특정한 지역들을 다루는 구체적인 것들이다(사 40,45,65-66장, 욜 2장, 습 3장, 호 3장, 암 9장, 마 24장, 눅 17장, 계 13,19-22장 등).

놀랐는가?

여기 종이 위에 잉크로 말씀들이 기록되어 있는데, 그것을 기록한 저자는 자신이 우주에서 홀로 진실하시며, 의로우시고, 절대적인 분이

시라고 자랑하고 있는 것이다. 또한 우주를 만든 것도 (그리고 그분을 믿지 않은 사람들을 포함한 지구상에 사는 모든 사람들을 만든 것도) 자신이라고 선포하시며, 그런 후 이 사람들에게 그분이 거짓말쟁이라고 생각한다면 한번 정말 대결해 보자고 도전하고 계신 것이다. 이분은 사람들에게 그들이 가진 입장에 대해 "주장들"과 "송사"를 내어놓으라고 도전하신다. 그분은 사람들에게 이렇게 말씀하시는 것이다. "만약 너희들이 내가 스스로 무슨 말을 하는지도 모르는 그런 존재라고 증명하고 싶다면, 한 번 증명해 봐!"

『**그들로 주장들을 내어 놓고 무슨 일이 일어날지를 우리에게 보이게 하라. 그들로 이전 일들을 보이게 하여, 그것들이 무엇이든지 간에, 우리로 그 일들을 숙고하고 그 일들의 나중 결말도 알게 하라. 아니면 앞으로 있을 일들을 우리에게 선포할지니라. 이후에 있을 일들을 보여 주어 우리로 너희가 신들인 것을 알게 하라. 정녕, 선을 행하거나 악을 행하라. 우리가 놀라며 그것을 함께 보리라**』(사 41:22-23).

사람들은 이렇게 할 수 없다.

당신도 마찬가지다.

사회주의 단체인 페이비언협회, 인간의 잠재력을 실현하고 동서양의 철학들을 접목시켜 만든 에살렌인스티튜트, 전미교회협의회, 바티칸, UN, 교황, 공산당, 버트란드 러셀, 명상학회, 미국성정보교육협의회 등도 할 수 없다. 또한 윌리암 글래써, 아브라함 메슬로, 마호메트, 간디 등의 인물도, 뉴욕타임즈, 워싱턴포스트, 타임, 라이프, 뉴스위크, 샌프란시스코크로니클, 시카고트리뷴의 신문사들도, 오웰, 십턴 부인, 에드가 케이시, 노스트라다무스, 진 딕슨 등의 가짜 예언가들도 당연히 할 수 없다.

지구상에 있는 그 어떤 인간도 당신에게 앞으로 천 년 동안 있을 일들을 상세하게 예언할 수 없다. 오직 전능하신 주 하나님께서만이 그렇게 하실 수 있으며 기록된 말씀들을 통해서 이를 증명하셨다.

『**너희는 고하여 그들을 가까이 데려오라. 그들로 서로 상의하게 하라. 옛날부터 이것을 선포한 자가 누구냐? 그때부터 그것을 말한 자가 누구냐? 나 주가 아니냐? 나 외에 다른** 하나님**이 없나니 공의로운** 하나님 **곧** 구주**가 나 외에는 없느니라. 땅 끝들에 있는 모든 자들아, 나를 쳐다보고 구원을 받으라. 이는 내가** 하나님**이요, 다른 이가 없음이니라**』(사 45:21-22).

하나님께서 1인칭으로 자신에 대해 말씀하시며 여기서 우리에게 계시하신 것은 하나님께서 그분 자신의 능력과 권위와 지식에 대해 "자랑"하고 계시다는 것이다. (변개된 현대영어성서들의 번역위원들이 스스로의 자질과 지식을 자랑하는 것과 비교해 보라.) 여기서는 아무도 주님께서 이런 분이시다 말하거나 증거하고 있지 않다. 위의 구절들은 주 하나님께서 그분 자신에 관해 스스로 말씀하신 개인적인 진술들이다. 이 말씀들은 40억명 이상의 사람들에게 "감추어진 진리들"이다.

스스로 대중의 지도자인 체하는 교육받은 천치들은 이 구절들을 읽고서 반박하지도 못하고 설명하지도 못한다. 왜냐하면 그들의 "신뢰성"에 대한 검증이 그들이 "성경비평"이나 "신화의 역사적 재구성"이나 "제2이사야의 이신론적 철학"이나 "성경의 모순들"을 찾아내는 것에 달려 있는 것이 아니기 때문이다. 하나님께서 세우신 기준은 그들이 500개 이상의 예언들을 그 예언들이 역사에서 성취되기 이전에 구체적으로 예언할 수 있어야 한다는 것이다. 또한 이 500개의 예언들이 400년에서 3,000년이라는 시간 간격을 둔 서로 다른 20명 이상의 개인들이 예언하여 서로 일치하고 모순이 없어야 한다는 것이다. 게다가 이 모든 예언들이 "토씨 하나 틀리지 않고" 완벽하게 성취되어야 한다는 것이다. 그래야 그들이 하나님께 인정을 받을 수 있는 것이다.

성경은 이런 문제에 있어서 사람들에게 도전하는 것을 전혀 주저하지 않는다. 성경은 미래 역사에 속한 500여 개의 예언의 세부 사항들이 1900년까지 성취되지 않았으며, 적어도 490개 이상이 여전히 미래에 성취될 것이라고 선포한다. 500여 개의 구체적인 예언들이 주어지고 그 예언들이 2,000년 후에 성취될 수 있는 확률은 10의 800승 분의 1도 되지 않는다. 이렇게 생각해 보면 쉽다. 어떤 타락한 과학자가 생각하고 연산하고 분석하고 해석하고 일초에 9천억의 속도로 정보를 저장할 수 있는 엄청난 컴퓨터를 발명했다고 가정하자. 하지만 그 엄청난 컴퓨터도 감히 성경에 비교조차 할 수 없는 것이다. 1초에 9천억의 정보를 저장할 수 있는 컴퓨터도 감히 성경을 이길 수 없을 뿐더러, 심지어는 성경에 범접할 수도 없다. 왜냐하면 500개의 예언들이 모두 성취되는 데 필요한 모든 정보들을 계산하는 작업은 9×10^{26}년 이상이 걸릴 것이기 때문이다. 즉 1초에 9천억의 속도로 작업을 해도 9×10^{26}년 이상이 걸릴 것이라는 말이다.

"과학"이라고? 웃기지 말라. 우리는 지구상에서 유일하게 진짜 "과학"이라고 불릴 수 있는 진리에 관한 교과서를 가지고 있는 것이다. 원한다면 교육받은 천치들이나 컴퓨터를 끼고 살라고 하라.

이는 가게에서 파는 모든 IBM 컴퓨터를 던져 버리고, 컴퓨터 중앙처리장치(CPU)를 만들어내는 자들도 그 칩들과 함께 날려 버리는 진리인 것이다. 이사야서에 있는 이 본문들은 아무도 응답하지 못했을 뿐만 아니라 알지 못하는 구절들이다. 왜냐하면 이 구절들은 사람들이 입버릇처럼 되뇌이는 "하나님의 사랑을 나누는 것"이나 "그리스도를 당신의 삶에 영접하는 것"과 "이웃을 도와주는 것"과 관계가 없기 때문이다. 게다가 지구에 "평화를 가져오는 것"이나 "근동지역 문제 해결"이나 "두 자리 수 인플레이션 해결"이나 "결혼 생활 문제 해결"과 관련이 없기 때문이다.

이 구절들은 교육받은 자들의 무지와, 진화를 숭배하고 자신이 하나님보다 똑똑하다고 생각하는 20세기와 21세기의 모든 인본주의자들의 우매함과 불신을 다루고 있기 때문이다. 지난 2,600년 동안 하나님께서는 그들의 지력을 증명해 보라고 제안하셨고 그 제안은 아직도 유효하다. 그러나 아직까지 단 한 명도 도전장을 던지지 못했다. 주님께서는 초림에 관한 예언들에 1,000을 거셨고(10의 146승 분의 1의 확률), 재림에 관한 예언들에 또 1,000을 거셨다(10의 850승 분의 1의 확률). 미국외교협회, 일루미나티, 빌더버거스, 로마클럽, 연방예비은행, 전미교회협의회, 로마카톨릭 등도 감히 주 하나님께 도전하지 못했다. 그들이 감히 성경의 전능하신 주 하나님을 따라가려고 시도하는 것 자체가 개미떼가 최신예 스텔스전투기를 따라잡으려는 것과 같다.

제 7장

신학교 강의실을 발칵 뒤집어 놓은 젊은이

『유대인들이 이상히 여겨 말하기를 "이 사람은 전혀 배운 적이 없는데 어떻게 글을 아는가?"라고 하더라』(요 7:15).

성경 읽기가 좋아서 또한 성경이 말씀하는 진리를 사랑해서 성경을 읽는 데 많은 시간을 쓰는 사람이라면, 자신이 성경에서 읽는 내용과 신학교 교수들이 성경에 대해서 가르치는 내용 사이에 일종의 "신뢰성의 간격"이 있다는 사실을 깨달을 수 있을 것이다. 사람들이 성경을 잘 아는 듯 말하지만, 성경은 여전히 놀라운 진리를 말해 준다. 성경의 상당 부분이 교육받은 그리스도인들의 죄들을 공격하기 때문에, 근본주의 대학들의 교정에서는 성경은 여전히 "감추어진 책"에 불과하다. 성경의 이러한 본문들 중에는 "고등 교육의 어리석음"이라고 이름 붙여야 하는 것도 있고(고전 1,2장), 성경 개정자들의 죄들을 노출시키며(고후 2:17) 직접적으로 미국 연방최고판사들의 판결들을 공격하는 것도 있다(딤전 6장). 또 어떤 말씀들은 미국 뉴스미디어가 결정한 모든 "대중 정책"들을 반대하며(엡 5장, 롬 1장), 어떤 부분은 소위 다양한 "신앙들과 종교들"을 비웃으며(마 23장, 왕상 18장), 어떤 곳은 하나님께서 사랑이시며 자비로우시지만 동시에 조롱하시며 잔인하게 복수하시는 분으로 묘사한다(사 40-48장). 그런가 하면 어떤 부분들은 "역사적 근본주의 입장들"을 완전히 무시하고(히 4,6,10장) 어떤 부분들은 과학과 철학과 심리학과 고등교육을 중요시 여기는 모든 사람들을 공격하기도 한다(고전 2장, 골 2장, 딤전 6장).

이 구절들은 모두 이 책에서 말하는 "감추어진 진리들"에 해당된다. 이런 말씀들은 세상 대학이든 신학교 그 어디에서든 언급하고 설명하는 것이 금지되어 있다. 또한 주석가가 이런 성경 본문을 만나면, 중요한 진리가 없는 양 은근슬쩍 넘어가면서 동시대나 현대에는 전혀 적용되는 부분이 없는 것처럼 설명한다. 교육받은 그리스도인 교사들과 교수들은 이 구절들을 치명적인 독으로 여긴다. 그러나 하나님께는 이 구절들도 성경에 있는 다른 어떤 구절만큼이나(눅 4:4) "순수"한 것이다(잠 30:5). 우리는 여전히 "감추어진 진리들"에 해당하는 구절들을 연구할 것이다.

먼저 시편 119:99-100을 살펴보자.

『내가 나의 모든 스승들보다 더 명철하오니 이는 주의 증거들이 나의 묵상이 됨이니이다. 내가 노인들보다도 더 깨달았으니 이는 내가 주의 법규들을 지킴이니이다』(시 119:99-100).

이 구절은 대학 강의실에서 들을 수 없는 성경 진리들 중에서도 가장 좋은 예에 속한다. "학위"들을 가진 교수들은 이런 태도를 가지고 강의실에 들어오는 신학생들을 참아줄 수가 없는 것이다. 시편 62:9은 『**높은 자들**』(men of high degrees) 곧 높은 학위를 가진 자들이 거짓이라고 말씀하신다. 영의 성구사전(Young's Concordance)을 제작한 로버트 영은 500,000개 이상의 단어들에 대한 구절들을 찾아놓았지만 이 단어는 완전히 놓쳐 버렸다.

시편 기자가 누구든지, 다윗이든지 아니든지, 자신이 그의 선생들보다 더 똑똑하다고 고백하고 있다. 혹자는 "아, 그 말씀은 예수 그리스도에 대한 것이잖아요."라고 말할지도 모른다. 그러나 필자가 지금 제시하는 구절은 확실히 예수 그리스도에 대한 것이 아니다.

『**내가 말하기를 '날수가 많은 자가 말을 해야 할 것이요, 연수가 많은 자가 지혜를 가르쳐야 하리라.' 하였노라. 그러나 사람 안에는 영이 있고** 전능하신 분**의 영감이 사람들에게 깨달음을 주시는도다. 위대한 사람들이라고 항상 현명한 것이 아니요, 나이 든 자들이라고 심판을 깨닫는 것이 아니니라**』(욥 32:7-9).

"근본주의자 교수"는 이렇게 말할 것이다. "그런데 시편 199:99,100의 저자는 자신이 하나님의 법규들을 지켰다고 말하고, 우리는 그리스도께서는 이렇게 행하셨지만 다윗은 지키지 않은 것을 알잖아요. 그래서 다윗이 될 수 없는 겁니다." 그러면 한 번 답해 보라. 다윗이 『**내 입의 말과 내 마음의 묵상이 주의 목전에 받아들여지게 하소서.**』라고 말하지 않았는가?(시 19:14) 또한 『**내가 사악한 것을 내 눈 앞에 두지 아니하리이다.**』라고 말한 것도 다윗이 아닌가?(시 101:3) 시편 119편의 저자는 자신이 "길을 잃었다가"(67절) 또한 "잃어버린 양같이 길을 잃었으며"(176절) 자신이 "주의 명령들을 두려워한다"(120절)고 고백한 후에, 하나님께 자신의 "눈"을 뜨게 해달라고 구하지 않았는가?(18절) 주 예수 그리스도께 이 말씀이 해당되는가?

우리의 근본주의자 교수 양반은 성경을 주의 깊게 읽지 않는 것이다.

다윗은 자신이 『**노인들**』(the ancients) 곧 고대의 사람들보다 더 똑똑하다고 말한다(소위 "장미십자회원," "티베트의 숨겨진 지혜," "히말라야의 비밀" 등과 같은 것들). 얼마나 큰 오만인가! 밥존스대학에서 발행하는 〈Faith Magazine〉에 글 쓰는 자들은 이런 사람을 보자마자 그 자리에서 "럭크만파"라고 낙인을 찍을 것이다.

조금 더 깊이 들어가 보자.

『하나님**의 지혜에 있어서는 세상이 그 지혜로** 하나님**을 알지 못하였기에** 하나님**께서 복음 전파의 어리석음으로 믿는 자들을 구원하시기를 기뻐하셨느니라**』(고전 1:21).

다시 보라. 이 구절도 강의실에서 말하지 않기는 마찬가지다. 고린도전서를 가르칠 때도 그렇다. 이 구절은 세상이 하나님을 알기 위해 수용한 방법이 지혜라고 말한다(창 3:1-6). 지혜는 인류가 스스로 저주하는 데 사용한 변명이기도 하다. 다음 구절을 읽어 보라.

『**이는** 하나님을 **알되** 하나님**께 합당한 영광을 돌리지 아니하고 감사치도 아니하며 도리어 그들의 상상들이 허망하여지고 그들의 어리석은 마음이 어두워졌기 때문이니 그들은 스스로 현명하다고 말하나 우둔하게 되었고**』(롬 1:21-22).

하나님께서 "현명한" 자들에 대해 무엇이라고 말씀하시는가?

『**이는 이 세상 지혜가** 하나님**께는 어리석은 것이기 때문이라. 기록되기를 "주께서는 현명한 자들을 자신들의 꾀에 빠지게 하신다." 하였느니라. 또다시 기록되기를 "주께서는 현명한 자들의 생각을 아시는데 그들의 생각은 헛된 것이라." 하였느니라**』(고전 3:19-20).

스스로 현명하다고 생각하는 자는 어떻게 행해야 하는가?

『**아무도 자신을 속이지 말라. 만일 너희 가운데 누구라도 이 세상에서 현명하다고 생각하거든 어리석은 자가 되라. 그러면 현명한 자가 되리라**』(고전 3:18).

또한 이렇게 하기를 거절하는 자는 어떻게 알아볼 수 있는가?

『**그러한 자들은 우리** 주 예수 그리스도**를 섬기는 것이 아니라 자기들의 배를 섬기는 것이니 정중한 말과 그럴듯한 언변으로 순진한 사람들의 마음을 미혹하느니라**』(롬 16:18).

바울은 이런 식으로 말하는 방식을 무슨 전염병처럼 피했다.

『**형제들아, 내가 너희에게 와서** 하나님**의 증거를 전할 때에 말과 지혜의 탁월함으로 하지 아니하였노라**』(고전 2:1).

따라서 바울의 원수들은 그를 거친 사람으로 여겼고(고후 10:10; 11:16) 그의 언변도 "하찮다"(contemptible)고 여겼다.

그러면 목회자가 될 신학생은 어디서 이런 구절을 연구하고 가르쳐 주는 "성경 과정"을 들을 수 있는가? 이렇게 말할 사람도 분명히 있을 것이다. "이런 구절들은 필수적인 것들이 아니고 쓸데없는 논쟁만 불러일으킬 뿐이다." 이것이 바로 사람들을 자신의 교육의 권위에 복종시키고 자신의 무지에 사람들을 옭아매려는 자들, 곧 두 얼굴을 가지고 있으며 거짓말을 일삼는 위선적인 교수들이 이런 문제를 다룰 때 늘상 하는 말이다. 우리가 읽으려고 하는 구절은 성경의 진리를 배우는 데 있어서 신구약의 주요한 가르침을 다루고 있다.

『**네가 진리의 말씀을 올바로 나누어 자신이** 하나님 **앞에 부끄럽지 않은 일꾼으로 인정받도록 공부하라**』(딤후 2:15).

이 구절을 읽었는가? 이 구절을 꼼꼼하게 다시 읽어 보라. 왜냐하면 1800년 이후로 출간된 모든 현대영어성서들에서 이 구절이 사라지거나 철저하게 변개되었기 때문이다. 소위 "뉴킹제임스역본"(New KJV)도 1953년 전미교회협의회에 가입한 자유주의자가 RSV에서 수정한 것과 똑같이 이 구절을 수정했다. “쓸데없는 논쟁”이라고? 그러면 도대체 1700년 이후로 출간된, 적어도 45개 이상의 영어성서들이 이 구절을 수정한 이유가 무엇인가? 이 변개된 영어성서들은 우리가 다루는 이 주제가 “쓸데없는 논쟁”이라고 생각지 않았던 것이다. 그들은 이 구절이 기독교학자들에게 잠재적이고 상당한 위협이 된다고 생각했던 것이다.

『**바로 그 시간에** 예수**께서는 영으로 기뻐하시며 말씀하시기를 “오 하늘과 땅의** 주이신 아버지**시여, 이런 일을 지혜롭고 슬기로운 사람들에게는 숨기시고 어린 아기들에게는 나타내신 것을 감사하나이다. 그러하옵니다.** 아버지**시여, 이는 그렇게 하시는 것이 아버지 보시기에 선함이니이다**』(눅 10:21).

만약 주님의 말씀대로 위대한 진리들이 “지혜롭고 슬기로운 자들”에게 숨겨진 것이라면, “원본의 축자 완전 영감”을 믿고 스스로 “역사적 근본 사항들을 위해 담대하게 일어서는” “믿음의 위대한 거인들”이라 자처하는 근본주의와 보수주의 교수들의 발아래 앉아 있는 것보다 “젖을 떼고 젖가슴에서 물러난 자들”이 되는 편이 훨씬 더 낫지 않겠는가?(사 28:9)

『**욕망으로 말미암아 스스로 분리된 사람은 모든 지혜를 찾아 혼잡케 하느니라. 어리석은 자는 명철을 기뻐하지 아니하고 자기 마음을 드러내기만 하느니라**』(잠 18:1-2).

(나는 이 구절들을 밥존스대학에서 대학원생 세미나에서 언급한 적이 있다(1962년). 그리고 글자 그대로 "난장판이 되었다." 성경을 가르친 교사는 NKJV 번역위원회에 가담했던 바톤 페인(Barton Payne) 박사였다. 이 구절들을 잘 보라. 이 구절들은 1611년 권위를 인정받은 〈킹제임스성경〉을 제외한 모든 현대영어성서에서 변개되었다.)

힌드슨, 돕슨, 아프만, 커스터, 닐, 프라이스, 마틴, 포크너, 파스타드, 메츠거, 뉴만, 맥레이, 파노시안, 핑크, 위즈덤과 그들의 동료들은 잠언 18:1-2을 만나면, 다이아몬드 방울뱀을 만난 병아리들처럼 뿔뿔이 흩어져 도망쳐 버린다. 이 구절들은 "지혜"를 찾는 학자들의 마음의 동기가 무엇인지 밝혀 주며, 그들이 『**항상 배우나 진리의 지식에는 결코 이를 수**』 없는 자들임을 드러내기 때문이다(딤후 3:17).

"쓸데없는 논쟁"이라고?

『**누가 그 현명한 사람과 같으며, 누가 사물의 해석을 아는가? 인간의 지혜는 그의 얼굴을 빛내 주나니, 그의 얼굴의 무모함이 바뀌리라**』(전 8:1).

『**그들이 그에게 말하기를 "우리가 꿈을 꾸었으나, 그 꿈을 해석할 자가 없도다." 하니, 요셉이 그들에게 말하기를 "해석들은** 하나님**께 속하지 아니하나이까? 내가 당신들에게 청하오니 내게 이야기하소서." 하더라**』(창 40:8).

『**먼저 이것을 알지니, 성경의 어떤 예언도 사사로운 해석에서 나온**

것이 아니니』(벧후 1:20).

『그때 그들의 지각을 열어 성경을 깨닫게 하시더라』(눅 24:45).

『그러나 진리의 영이신 그분이 오시면 너희를 모든 진리로 인도하시리라. 그분은 스스로 말씀하지 아니하시며, 무엇이나 들은 것을 말씀하실 것이요, 또 너희에게 다가올 일들을 알려 주시리라』(요 16:13).

이 구절들은 앞에서 우리가 제시한 구절들이 왜 배교한 신학교들에서는 "감추어진 진리들"일 수밖에 없는지를 잘 설명해 준다. 신학교로 시작했다가 배교해 버린 학교인 하버드, 예일, 튀빙겐, 옥스퍼드, 콜롬비아, 버클리에서처럼 일반침례교교회연합, 마라나타신학교, 로드니 벨의 학교, 데이톤 홉스의 학교, 알링 홀튼의 학교에서도 마찬가지다.

1. 성경의 바른 해석은 학자에게 달려 있는 것이 아니다.
2. 바른 해석은 어떤 교회에 달려 있는 것도 아니다.
3. 바른 해석은 히브리어와 헬라어 사본들 안에 있는 것도 아니다.
4. 바른 해석은 히브리어와 헬라어 지식에 달려 있는 것도 아니다.
5. 올바른 해석은 "성별"을 외치고 "신복음주의"를 공격하는 위선적인 소위 "경건한 근본주의자들"의 무리에게 달려 있는 것도 아니다.

(제3장 "교육받지 못한 자의 무지 대 교육받은 자의 무지"를 보라.)

베드로후서 1:19-20의 본문이 ASV, NASV, RSV, NIV, NRSV, NEB, TEV와 모든 영어성서들에서 변개되었음을 주목하라. "뉴킹제임스"는 이 구절들에서 올바른 본문을 유지했지만, 각주에서 RSV,

NRSV, ASV, NASV 등의 변개된 본문이 "신뢰할 만한" 것으로 제시해 놓았다(힌드슨, 돕슨, 헛슨, 넬슨, 핸더슨 등도 모두 그들의 학식으로 다른 사람들에게 좋은 인상을 주려고 하지만, 실제로는 그들의 무지만을 드러냈을 뿐이다).

그리스 신 "헤르메스"(Hermes)가 바로 "해석"(Hermeneutics)의 신이다. 그는 또한 사도행전 14:12에서 "주로 말하는 사람"으로 등장하는 "머큐리"이며, 그는 쉽게 말해서 "원본을 더 잘 깨닫도록" 도와주는 역할을 하는 신이다. 이 기만당한 천치들의 사고방식은 불 보듯 뻔하다. 그들은 언어들을 아는 지식이 있으면 그것으로 성령께서 쓰신다고 생각하고, 성령께서 보존하신 책에 대해서도 바로 그 책을 기록케 하시고 보존하신 성령님의 도움 없이도 해석할 수 있는 자격을 얻는다고 생각한다(고전 2:4-12을 보라). 이 근본주의자들 중의 일부는 교리적인 또한 신학적인 의미에서 "성령"님에 대해서 말하지만, 그들 앞에 놓인 그분의 말씀들에 있어서는 성령께서만이 그 말씀들을 해석해 주실 수 있다는 것을 전혀 믿지 않는다.

다윗은 정말 귀중한 진리를 말한 것이다(시 119:99,100). 그러면 다윗의 비결이 무엇인지 그 자신의 고백을 들어 보자.

『**주의 영이 나를 통하여 말씀하셨으니, 그의 말씀이 내 혀에 있었도다**』(삼하 23:2).

고등 교육은 성경을 배우는 열쇠가 아니다(제3장 "교육받지 못한 자의 무지 대 교육받은 자의 무지"를 보라). 지금까지 한 번도 그런

적이 없고 앞으로도 그런 일은 없을 것이다.

고등 교육은 교육받은 사람들을 좀 더 계몽되고 영적이며 지혜로운 것처럼 보이게 할 수 있을지 모르지만, 영적인 일들을 이해하는 데는 어떤 도움도 되지 않는다(고전 2:13). 많은 경우 마로우, S.C. 잭슨, 왈부드, 웨스트, 드라이버, 로버트슨, 씨다홈, 월슨, 메이첸 등의 저작은 성경을 이해하는 데 적잖이 방해가 될 뿐이다. 크게 말해서 고등 교육은 화장품, 자동차, 섹스, 스포츠, 마약, 뉴스, TV와 같은 이 세상의 장사거리다. 바울은 그의 교육을 그가 구원받기 전에 받았으며 구원받고 난 후 그는 더 이상 "고등 교육"을 받으려고 학교를 찾아다니지 않았다. 베드로, 야고보, 요한과 안드레는 단 한 번도 고등 교육을 받은 적이 없으며 그들은 역사 속에서 "배우지 못하고 무식한 자들"로 통한다(행 4장). 그러나 그들은 유럽과 미대륙에 있는 어떤 대학의 어떤 성경 학부 교수보다 적어도 열 배 이상 주 예수 그리스도에 관한 지식을 갖고 있었다.

그렇다고 우리가 그리스도인 교육 자체를 부정하는 것은 아니다. 많은 어리숙하고, 거칠고, 글자를 배운 적이 없는 사람들은 읽기, 쓰기, 산수 등의 과목에서 도움이 필요하다. 또한 매너와 사회에서 통용되는 예절 등을 배우는 것은 여러 집단에서 "문을 여는 것"과 "형제들과 함께하는 것"에 도움이 될 것이다. 그러나 젊은 그리스도인이 "감추어진 성경"을 제 맘대로 성경을 심판하는 높은 자리에 앉은 학자들에게서 배우느니, 차라리 머리에 구멍을 뚫는 것이 낫다. 그런 교육은 글자 그대로 "아무짝에도 쓸모가 없다".

권위를 인정받은 〈킹제임스성경〉은 (그 어떤 판이라도) "뉴킹제임스"를 포함하여 1800년 이후로 출간된 모든 변개된 영어성서들의 번역자들과 편집자들을 비평하고 심판하고 바로잡아 주는 데 아무런 문제가 없다. 권위를 인정받은 〈킹제임스성경〉을 묵상하고(시 119:99) 그 법규들을 지키는 사람은(시 119:100) 하나님과 성경의 진리에 대해 그 어떤 학자들보다 더 많은 것을 깨닫게 될 것이다. 곧 필립 샤프, 프랭크 델리취, J. 그레샴 메이첸, 스피로스 조디에이츠, 홀트, 알란드, 메츠거, 캐넌, 트렌취, 떼이어 등과 "믿음의 근본사항들"을 믿는다고 고백하면서 성경을 거부하는 배교자들 전부보다 더 많이 알 수 있다.

그들에게 "감추어진 성경"은 이렇게 말씀하신다.

『**그가 누구에게 지식을 가르치며, 그가 누구에게 교리를 깨닫게 해 줄 것인가? 젖을 떼고 젖가슴에서 물러난 자들에게로다**』(사 28:9).

무식한 교수들은 여전히 무식한 채로 있게 하라. 그들에게는 무식이 어울린다.

제 8 장

무지의 홍수

『그러나 범람한 홍수로 그가 그 자리를 완전히 멸하실 것이요, 흑암이 그의 원수들을 추적할 것이라』(나 1:8).

비참하고 가련한 구원받은 죄인들이 (대개 근본주의자들과 보수주의자들이다) 지난 100년간 하나님의 말씀을 공격해 왔으며 그들은 또한 자신들이 가르친 학생들을 다른 기독교대학들과 신학교들에 교수진으로 보냄으로써 그들의 무지를 확산시켜 왔다. 우리가 발행하는 〈성경대로 믿는 사람들의 게시판, *Bible Believers' Bulletin*〉에서 "독일인들은 그것을 이렇게 부른다"는 기사를 읽으면 무엇이 어떻게 돌아가는지 쉽게 알 수 있다. 이 몸집만 비대한 갓난아기들은 죄나 질병이나 사망이나 지옥보다 조롱당하는 것을 더 싫어한다. 그들은 서로를 모방하면서 서로를 명석하고 똑똑하다고 생각하게 만든다. 그것이 전부다. 요한복음 7:48 이후로 그것이 그들이 하는 일의 전부다. 우리는 이런 사실에 대해서 유명한 "왕의 새 옷"이라는 옛날 이야기를 들어 설명한 적이 있다. 여기에 이런 사실을 묘사하는 데 제격인 예가 있다.

『이는 그들이 이것을 고의로 잊으려 함이라. 즉 하나님**의 말씀에 의해 하늘들이 옛적부터 있었다는 것과, 땅도 물에서 나왔고 물 안에 있었다는 것이니 이로써 이전에 있던 세상은 물이 범람해서 멸망하였느니라**』(벧후 3:5-6).

이 말씀은 무엇을 말하는 것인가?

모든 배교한 근본주의자들이 고생고생하며 베드로후서 1장의 마지막 두 구절을 수정해 놓은 것을 보면 분명 베드로후서가 그들에게 중요하긴 했던 것이다. 결국 "주도적인 학자들"이 (그러니까 "축자적으로 완전히 영감을 받은 무오한 원본"을 믿는 "천치들"이) 시간과 공을 들여서 그들 자신의 해석과 이론에 일치하도록 한 구절을 변개했다면 (벧후 1:20), 우리는 그들로 이렇게 변개시키지 않고서는 안 되게 만든 성경 말씀에 더 관심을 가져야 하는 것이다. 베드로후서 2장은 신약에서 마지막 날들에 나타나는 거짓 선지자들을 다루는 가장 위대한 장이므로, 우리는 베드로후서 3장을 대충 보고 지나갈 수 없다.

『이는 그들이 이것을 고의로 잊으려 함이라. 즉 하나님**의 말씀에 의해 하늘들이 옛적부터 있었다는 것과, 땅도 물에서 나왔고 물 안에 있었다는 것이니 이로써 이전에 있던 세상은 물이 범람해서 멸망하였느**

니라』(벧후 3:5-6).

1. 어리석은 자가 있다.

2. 누군가가 고의로 어리석게 된 것이다.

3. 세상은 물 안에 있었고 또한 물에서 나왔다.

4. 그 세상은 물이 범람해서 멸망했다.

질문 : 도대체 이렇게 쉬운 메시지를 깨닫지 못하고 헤매는 자가 누군가?

정답 : 미국에 있는 주요한 근본주의 학자와 교수들. 그들은 단 하나의 예외도 없이 이 말씀들을 깨닫지 못한다.

만약 당신이 헨리 모리스(Henry Morris)에게 이 구절들이 무엇을 말하는 것이냐고 물으면, 그는 노아의 홍수를 말하는 것이라고 대답할 것이다. 해리 림머(Harry Rimmer), 클라렌스 라킨(Clarence Larkin), 버논 맥기(J. Vernon McGee), 스윈들(Swindle), 맥아더(MacArthur), 밥존스 3세(Bob Jones III) 등도 그렇게 답할 것이다. 예수회 사제가 얼굴색도 바뀌지 않고 베드로가 로마에 있었다는 증명 구절로 사도행전 12:17을 대듯이, 이들은 베드로후서 3:5-6이 노아의 홍수를 가리키는 것이라고 말할 것이다. (물론 베드로는 로마에 가지 않았다. 다만 로마카톨릭이 전혀 상관도 없는 사도행전 12:17을 대며 거짓말하는 것뿐이다.)

5절에서 세상이 "시작부터" 『**물에서 나왔고 물 안에 있었다**』(standing in and out of the water)고 말함을 주목하라(벧후 3:4). 그러면 여기서 말하는 『**시작**』은 언제를 말하는가? 노아의 날들인가? 만약 이것이

"물이 범람해서 멸망한" 땅을 말하는 것이라면(벧후 3:6), 이것이 바로 "이전에 있던 세상"이 되는 것이다. 그러나 "창조의 시작에" "이전에 있던 세상"은 창세기 1:1의 세상이다.

베드로후서 3장의 홍수는 창세기 1:2에서 있었던 홍수를 가리킨다.

스코필드주석성경의 편집위원회가 이를 믿었는가? 아니다. 구판과 신판의 스코필드주석성경의 주석을 읽어 보라.

스코필드편집위원들은 창세기 1:1의 세상에 무슨 일이 생겼음을 알았고, 그들은 이것을 펨버와 다른 사람들의 저작으로부터 알게 되었지만, "간격 이론" 같은 것은 있을 수 없다고 생각했다. 물론 "이론" 같은 것은 없다. 시몬 베드로가 신약에서 자신이 쓴 서신으로 이 문제의 결론을 내려놓은 것이다. 밥존스대학 같은 곳에서는 잘난 체하고 자신과 똑같은 자들을 존중하는 교수들이 "간극 이론"에 대한 강의 개요를 나눠 주면서 "이론"에 대한 "찬반 의견"을 제시한다. 그래서 그들은 사력을 다해 젊은 남자들과 여자들에게 (그들은 히브리어와 헬라어 지식 없이 성경을 해석할 수 없기 때문에) 근본주의 학자들의 해석이야말로 이런 문제들을 해결하는 최종권위라는 것을 인식시키는 것이다. 잘난 체하고 경건한 체하는 이 과대망상증 환자들은 학생에게 "토후" "보후" 등의 원어를 제시하며 히브리어 지식이 성경 해석과 무슨 관계가 있는 것처럼 생각하게 만든다. (배교한 근본주의자 해롤드 윌밍턴이 〈Fundamentalist Journal〉에 매달 기고한 글을 보면 무슨 말인지 알 수 있다. 그가 쓴 글은 모두 히브리어와 헬라어가 성경 본문을 올바로 이해하는 것과 무슨 관계가 있다고 생각하게끔 썼다. 그러나 지난 20년간 윌밍턴이 해설한 모든 본문에서 보여 준 것처럼 전혀 관계가 없다.)

"원어 히브리어"는 창세기 1:1-3을 해석하는 것과 아무런 관련이 없다.

오히려 문제의 본질을 흐리기만 할 뿐이다.

히브리어는 이 본문을 이해하는 데 전혀 도움이 되지 않는다. "열매로 그 나무를 안다."는 것이 진리라면, 우리는 히브리어를 가지고 영어 성경의 본문을 고치는 자는 신약성경을 제거하려고 하는 자라고 말할 수 있다. 신약은 창세기 1:1의 땅이 창세기 1:2에서 물의 홍수로 잠겼다고 말하고 있기 때문이다.

"축자적으로 완전히 영감받은 원본들"을 숭배하는 순진한 바보들이 이 진리에 대해서 조금이라도 의심이 있다면, 창세기 1장을 읽으면 모든 의심이 사라질 것이다. 성경은 『하나님**의** 영**은 물들의 표면에서 거니시더라.**』고 말씀하신다. 어떤 "물들"인가?

창세기 1:1의 원래의 창조는 창세기 1:2에서 물의 홍수로 인해 파괴된 것이다.

물론 당신 자신의 의견이 있겠지만, "반대 의견들"이 반드시 "학자적 추측"이라고 여겨서는 안 된다.

이런 근본주의자들을 가르친 자들은 이들보다 더 어리석다.

영어를 읽을 수 있는 능력만 있다면 초등학교 4학년 아이도 베드로후서 3:5-6을 쉽게 이해할 수 있다. 적어도 이 부분에 있어서 헨리 모리스, 해리 림머, 클라렌스 라킨 등의 해석을 따라가지는 않을 것이다.

노아의 홍수는 베드로후서 3장 전체에서 다루는 곳이 없다.

1. "이전에 있던" 땅이 있었다(3장을 읽어 보라).

2. "현재 있는" 땅도 있다(3장을 읽어 보라).

3. “장차 있을” 땅도 있다(3장을 읽어 보라).

근본주의 대학과 신학교의 히브리어와 헬라어 학부가 진리를 혼잡케 해 놓았지만, 〈킹제임스성경〉을 읽으면 (어느 판이든 상관없다.) 이처럼 선명하게 진리를 알 수 있는 것이다.

이제 우리는 왜 1611년 이후로 지금까지 출간된 45권 이상의 주요한 영어 “번역본들”에서 “다시 채우라”(replenish)는 말씀이 삭제되었는지 알 수 있다.

히브리어 지식이 창세기 1:28과 창세기 9:1에서 “다시 채우라”는 단어를 (ASV, NKJV, RSV 등에서처럼) 제거한 것과 관계가 있다고 생각하지 말라.

“다시 채우라”는 이 단어를 신 스코필드주석성경 편집위원들과 “옛날 방식 복음의 시간(Old Time Gospel Hour, 버지니아 주, 린치버그) 등에서 삭제한 이유는 그들이 구약과 신약 모두가 명확하게 증거하는 진리를 그들의 모국어로도 알아보지 못하기 때문이다. 히브리어 지식은 아무런 관련이 없다.

이러한 수정은 살아 계신 하나님의 살아 있는 말씀들을 혼란스럽게 하고 망치려는 시도로, 자신이 하나님께서 주신 영어 본문을 “원본 히브리어”로 바로잡을 수 있다고 생각하는 자들이 행하는 짓이다. 그들은 모두 구원받았다고 고백한다. 그렇다면 그들은 아버지 하나님께 그들이 자기 모국어로도 신학의 가장 단순한 문제들도 해결할 수 없고 신뢰할 수 없음을 보여드렸을 뿐이다. 그들은 베드로후서 2:3의 본문을 다룰 때 성령 하나님과 그리스도의 몸에게 자신이 하나님의 말씀들을 다룸에 있어서 전혀 능력 없고 자격 없는 자들임을 보여 주었다.

그들은 창세기 1:28에서 "다시 채우라"는 단어를 제거했으며, 이로써 성경 독자들이 창세기 1:2의 홍수에 빠져 죽은 누군가가 지상에 있었음을 모르게 만든다. 그들은 노아의 세대가 아니다.

우리는 이 장에서 이 진리를 세부적으로 다루지는 않을 것이다. 다만 아담 이전의 지구는 아담과 같은 인간들이 산 것이 아니고, "하나님의 아들들"과 "신들"이라 불리는 존재들이 있었음을 지적하고자 한다(시 82편). 그들은 창세기 1:3-7 이전에 땅에 있었고, 이것이 어떤 "이론"이 아니며 또한 전혀 의심의 여지가 없는 것은, 이들이 창세기 1:1의 영원의 "아침"에 하나님을 찬양하기 위해 있었다고 성경이 증거하기 때문이다(욥 38:1-6).

베드로후서 3:3-6은 "감추어진 성경"의 일부로 남아 있다. 성경과 성경을 기록하신 하나님의 권위와 진실성을 희생시키면서 자기 자신의 권위와 체면을 지키기 원하는 배교한 근본주의자들은 이 본문의 진리를 감추고 은폐한다.

그들은 독자들에게 영향력을 행사할 수 있는 한 계속해서 독자들을 무지의 어두움 가운데 가둬 놓으려고 할 것이다. "축자 영감받은 원본"에 관한 논쟁으로 독자들의 생각을 사로잡지 못하면, 그들은 "성별"을 외치고 "신복음주의"를 반대한다고 외치며 독자들을 혼란스럽게 할 것이다. 그들이 "성별"을 외치고 "신복음주의"를 반대한다는 것은 무지를 통해 성경을 공격하는 그들의 죄들에 비하면 전혀 칭찬받을 것이 못 된다.

제 9 장

내부 갈등

『그러므로 주께서 그들을 돌아서게 하시리니 주께서 그들의 얼굴을 향하여 활시위를 당기시리이다. 주여, 주의 능력으로 높임을 받으소서. 우리가 주의 권능을 노래하고 찬양하리이다』(시 22:12-13).

우리가 앞에서 살펴보았듯이 헬라어와 히브리어에 능통하다고 해서 성경의 진리들을 깨닫는 것이 아니다. 헬라어를 말하는 그리스인들도 마태복음, 사도행전, 히브리서, 야고보서의 헬라어 본문을 신약 헬라어 사본들을 가지고 다루는 것을 보면 욕조 안에 있는 볼링공도 찾지 못하는 것과 똑같다. 마찬가지로 26개의 외국어를 읽을 수 있었던 로버트 딕 윌슨(Robert Dick Wilson)과 같은 사람들이 시골 침례교회들의 주일학교에 다니는 어린이들도 아는 가장 단순한 진리들도 제대로 설명하지 못한다는 것도 이상한 일이 아니다. 로버트슨(A.T. Robertson)이 가진 헬라어 문법에 관한 지식은 그에게 손해가 되었을 뿐이다. 헬라어 문법이 성경의 진리를 다루는 데 있어서 그를 바보로 태어난 자처럼 어리석게 만들었다. 이런 일은 예외가 아니라 오히려 확립된 원칙이다.

이제 우리는 이사야 50:8을 다룰 것이다. 이 구절은 전혀 "필수적이지 않은" 구절이 아니다. (밥존스대학의 배교자들은 "쓸데없는 논쟁"이라고 부른다. 그러나 그들이야말로 "축자적으로 완전히 영감받은 원본"만을 운운하며 아무짝에도 쓸모없는 논쟁을 일삼았다.) 이 구절은 십자가에 못박히기 전의 예수 그리스도의 고난들을 다룬다.

『**나를 의롭게 여기시는 이가 가까이 계시니 누가 나와 다투겠는가? 우리가 함께 서자. 누가 나의 대적인가? 그를 내게 가까이 오게 하라**』 (사 50:8).

문맥을 따라 4,5절을 읽으면 이 구절이 어떻게 적용되는가에 대해서는 그 어떤 의심의 여지도 없다. 더군다나 『**내가 내 얼굴을 부싯돌 같이 하였으니**』라는 말씀을 보면 확실히 전체 본문이 무엇을 말하는지 알 수 있다. 또한 6절에 나와 있는, 고난을 당하면서 "주의 종"이라고 불리는 사람이 누구이겠는가!(사 50:10) 전체 본문의 해석에 있어서 조금도 의심의 여지가 없다. 그리스도께서 그분의 등을 "치는 자들"에게 또한 머리카락을 뽑고 침 뱉는 자들에게 그분의 뺨을 맡기신 것이다(사 50:6). 이 구절들은 잘 알려져 있으나, 학자들은 8절에 가서는 그 구절이 다른 것을 말한다고 생각하는 것이다. 문제는 이 구절 안에 있는 말씀 때문에 생긴 것이다. 『**누가 나의 대적인가? 그를 내게 가까이 오게 하라.**』 이 구절 그대로 주 예수 그리스도께서는 누구라도 그분께 나와보라고 도전하고 계신다. 그리고 그의 대적이 나와서 자신의 정체를 밝히기를 원하신다. 『**누가 나의 대적인가?**』 또한 주님은 그 대적과 나란히 심판석에 서서 주님과 그 대적이 함께 나타나고 말하고 비교되기를 원하신다. 만약 주님의 대적이 주님을 정죄하려 한다면, 『주 **하나님께서 나를 도우시리니**』라고 말씀하신다.

모든 것이 이해하기 쉽다. 이 구절들을 문맥과 합쳐 보면(5-6절), 완전히 새로운 "영역" 혹은 "차원"이 열린다. 우리는 여기서 예수 그리스도께서 묶이시고 프라이토리움의 경비병들과 로마 군인들의 종들에 의해 둘러싸여 계셨던 바로 그때, 주님께서 그들에게 도전을 하신 것이지 그들이 주님께 도전한 것이 아님을 알 수 있다. 그러면 주님은 누구에게 도전하신 것인가? 그것은 성경이 "통치자"라고 부르는 자이다(요 14:30; 16:11). 예수 그리스도께서는 사탄을 "일대일 정면 대결"로 부르신 것이다. 주님은 단순히 "링으로 걸어 들어가는" 것이 아니라, 이미 링 안에서 그의 대적을 보면서 "링 안으로 들어와라. 한 번 붙어 보자."고 도전하고 계신 것이다. 성경이 사탄을 묘사하는 것이 정확하다면(욥 1-2장), 주님은 지상에 사는 인간이 할 수 있는 가장 위험한 일을 하고 계신 것이다.

이 구절들에서 바로 이런 일이 벌어지고 있었음을 말한다는 것은 신약에서도 그 증거를 찾을 수 있다. 우리는 골로새서 2:15에서 예수 그리스도께서 속죄를 완성하셨을 때 "정사와 권세를 벗겨내셨다."라는 말씀을 읽는다. 골로새서와 에베소서 6장에서 말하는 이 "정사"와 "권세"는 왕들과 대통령들과 시장들과 주지사들과 영주들을 말하는 것이 아니다. 왜냐하면 그들의 거처가 이 땅이 아니기 때문이다.

『그 날에 주께서 높은 곳에 있는 높은 자들의 군대와 땅 위에 있는 땅의 왕들을 벌하시리라』(사 24:21).

성경을 가르치는 교사들과 교수들의 90%가 이 『**높은 곳에 있는 높은 자들**』이 주지사나 왕들이나 그런 자들을 말한다고 가르친다. 그러나 성경은 분명하게 『**높은 곳에 있는 높은 자들**』과 『**땅 위에 있는 땅의 왕들**』을 대조하고 있다(사 24:21).

그러면 왜 이 본문들을 해석해 주는 사람이 없는가? 피의 속죄가 믿음의 근본사항들 중의 하나라고 믿는 모든 근본주의자들은 다 어디 있는가? 사탄을 다룬다니까 조금 긴장되는가? (핸더슨, 달라, 프라이스, 파스타드, 윌밍턴, 힌드슨, 돕슨 등은 모두 전체적으로 사탄을 다루는 욥기 41장에 와서는 줄행랑을 쳤음을 기억하라.)

이사야 50:8과 관련이 있는 것은 바로 이것이다.

『또 대제사장 여호수아가 주의 천사 앞에 서 있고 사탄이 그를 저지하려고 그의 오른편에 서 있는 것을 그가 내게 보여 주시니라. 그리고 주께서 사탄에게 말씀하시기를 "오 사탄아, 주가 너를 책망하노라. 예루살렘을 택한 주가 너를 책망하노라. 이것이 불에서 꺼낸 나무가 아니냐?" 하시니라』(슥 3:1-2).

이 대결에서 주님은 사탄을 『**주**』께 맡겼다. 이는 유다서 1:9에서 천사장 미카엘이 사탄을 『**주**』께 맡긴 것과 같다. 사용한 말도 똑같다. 『**주가 너를 책망하노라.**』

이 본문들은 신구약 전체에서 사탄의 능력과 그리스도의 능력에 관해서 찾을 수 있는 가장 위대한 진리들 중의 하나를 보여 준다. 왜냐하면 이 본문들은 예수 그리스도의 성육신 전에, 삼위일체의 한 구성원이 사탄을 삼위일체의 다른 구성원에게 책망해 달라고 의탁했음을 보여 주기 때문이다. 성육신 이후에 예수님께서 "아들로서 고난을 통해 배운 후에(히 5:8) 주님은 더 이상 사탄을 다른 누구에게도 넘기지 않고 직접 『**사탄아, 내 뒤로 물러가라.**』고 말씀하신 것이다.

주 예수 그리스도께서는 (실제로 존재하는 영적 존재들인) 사탄의 정사들과 권세들을 패배시키셨을 뿐만 아니라, 마귀와 정면 대결하셔서, 그를 일대일 육박전으로 부르셔서(사 50:6-8), 그를 이기시고 그의 전체 체제를 "벗겨내신" 것이다(골 2:15).

이 구절들은 영적 세계에 있어서 주요한 변화들 중의 하나를 다루고 있으며, 지상에 있는 죄인들과 관련하여 가장 중요한 변화와 연결되어 있다. 그러나 지상에 있는 어떤 신학교도 이 구절들을 다루지 않는다. 적어도 이 책을 처음 출간하기 전까지는 아무도 다루지 않았다(1984년). 이 구절들은 주 예수 그리스도와 사탄이 바로 당신의 혼을 놓고 육박전을 벌인 것을 묘사하고 있는 것이다.

제 10장

불경건한 카톨릭 난장판

『다른 신을 급히 좇는 자들의 슬픔이 커지리니 나는 그들이 바치는 피의 술제물을 바치지 아니하고 그들의 이름들도 내 입술에 두지 아니하리라』(시 16:4).

우리가 살펴보는 이 구절들은 (연관된 다른 구절들과 함께) 지상에 있는 모든 로마카톨릭교도들이 모르는 "감추어진 진리들"에 포함된다. 로마카톨릭교도가 우연히 이 구절들을 읽는다 하더라도 가능한 빨리 자신의 생각과 기억에서 지워 버릴 것이다. 왜냐하면 이 구절들은 바로 그의 "종교"의 근간을 뒤흔들고 파괴시키기 때문이다

『예수**께서 그들에게 말씀하시기를 "진실로 진실로 내가 너희에게 말하노니, 너희가** 인자**의 살을 먹지 않고 또 그의 피를 마시지 아니하면 너희 안에 생명이 없느니라... 살아 계신** 아버지**께서 나를 보내셨고 내가** 아버지**로 말미암아 사는 것같이 나를 먹는 그 사람 역시 나로 말**

미암아 살리라』(요 6:53,57).

"카톨릭 개종자"를 얻으려고 안간힘을 쓰는 신부들은 요한복음 6:53-56을 인용하는 데 매번 요한복음 6:57에 도달하기 전에 흠칫 놀라며 성경을 인용하는 것을 중단한다. A.D. 490년 이후로 100,000명 이상의 카톨릭 신부들이 56절까지만 읽고 멈춰 버렸기 때문에, 우리는 물을 수 있다. "도대체 57절에 뭐가 있길래 '사도적 정통성을 계승한 로마카톨릭'이 무서워서 감히 인용하지 못한단 말인가?" 우리가 살펴보는 이 "감추어진 본문들"을 시간을 내어 읽는 그리스도인은 금방 그 답을 알 수 있다.

예수 그리스도께서는 사람들이 그분의 살과 피를 "먹음"으로써 "그분으로 말미암아 살 것"에 대해서 말씀하고 계시다. 이것을 설명하시기 위해서 주님은 "비유"(similitude)를 드신 것이다(『**내가** 아버지**로 말미암아 사는 것같이**』). 하나님께서 인류에게 뭔가를 가르치기 원하실 때, 하나님께서는 비유를 사용하신다. 하나님께서는 구약에서 "선지자들의 사역"을 통해 "비유들을 사용"하심으로 말씀하셨다(호 12:10). 이전에 자주 언급했듯이, 성경을 이해하는 데 가장 중요한 것은 헬라어나 히브리어가 아니다. 성경에서 가장 중요한 것은 바로 "무엇과 같이" 혹은 "무엇처럼"이라 말할 때 쓰는 비유를 의미하는 "같이"(as)와 "처럼"(like)이다. 요한복음 6장에서 주님께서 "나의 살을 먹고 나의 피를 마시는 것"이 무엇을 의미하는지 설명하실 때, 우리는 그 의미를 알기 위해서 로마카톨릭 신부에게 갈 필요가 전혀 없다. "살을 먹고 피를 마시는 것"으로 예수 그리스도께서 무엇을 의미하셨는가에 대한 카톨릭 신부의 사사로운 해석 따위는 아무짝에도 쓸모없다. 왜냐하면 주님께서 직접 우리에게 설명해 주셨기 때문이다.

예수님은 『**나를 먹는 그 사람 역시 나로 말미암아 살리라.**』고 말씀하셨다. 구절이 말하는 문자 그대로 예수 그리스도를 "먹어" 사는 사람은 예수님께서 그분의 아버지로 말미암아 살듯이 동일하게 해야 한다. 『**내가** 아버지**로 말미암아 사는 것같이 나를 먹는 그 사람 역시 나로 말미암아 살리라.**』 이는 즉시 54절에서 56절까지의 "살과 피"를 먹는 것이 "문자적"인 것이 아님을 보여 준다. 왜냐하면 아무리 성경을 사사로이 해석하는 로마카톨릭 신부나 주교라 할지라도 예수 그리스도께서 문자 그대로 그분 자신의 아버지의 실제 살과 피를 먹었다고 말할 만큼 황당무계한 해석을 할 자는 없기 때문이다. 요한복음 6:53-56이 문자적 의미인가 혹은 영적인 의미인가를 가리는 이성적인 결론을 내림에 있어서, 예수 그리스도께서는 이미 문맥을 통해서 주님께서 무엇을 의미하셨는지 정의 내리심으로써 모든 문제를 해결해 놓으셨다. 그러나 오늘날의 로마카톨릭만큼이나 이런 문제들에 관하여 눈먼 자들이 당시에도 있었기 때문에(요 6:60), 예수님은 한 걸음 더 나아가셔서 문자적으로 "살과 피"를 먹는 것이라고 생각하는 자들의 모든 반론을 미리 종식시켜 놓으셨다. 왜냐하면 주님께서 이미 우리가 제시했듯이, 『**살리는 것은 영이니, 육은 전혀 무익하니라. 내가 너희에게 한 말들은 영이요, 생명이라.**』고 말씀하셨기 때문이다(요 6:63).

이것은 바로 모든 카톨릭 미사집, 모든 카톨릭 신앙고백, 모든 카톨릭 잡지, 모든 카톨릭 TV 프로그램, 모든 카톨릭 "새신자 과정"에서 이 두 구절이 생략되었는지를 말해준다. 요한복음 6:57과 6:63은 ("예수 그리스도의 살과 피를 먹고 마심"을 다루는 문맥에서) 예수님께서 무엇을 의미하셨는지 성경이 성경을 설명하며 명명백백하게 정의하기 때문이다. 그러나 로마카톨릭 신부들과 수녀들과 주교들과 추기경들과 교황들과 대주교들과 사제들은 모두 이 진리를 완전히 대적하며, 자신들의 사사로운 해석을 붙들고 있다. 이 사기꾼들의 사사로운 해석은(벧후 1:20) 이 구절들을 이교도의 식인 희생제와 결부시키기 위한 것이며, 그들은 예수님께서 직접 말씀하신 '말씀들'을 거절한 죄 위에 그들의 사사로운 해석을 세웠다. 그러나 그들이 거절한 이 기록된 말씀들은 로마카톨릭이 그들의 교회를 세우셨다고 주장하는 바로 그분께서 직접 하신 말씀들이다. 요한복음 6장의 말씀들은 그것이 무엇을 의미하는지 설명한다. 즉 성령께서 직접 그 본문을 성경으로 해석해 주시고 있으며, 이 해석 외에 다른 해석은 모두 "사사로운 해석"이다 (벧후 1:20).

바울은 이 모든 문제를 다음 구절에서 하나로 정리하고 있다.

『**우리가 축복하는 이 축복의 잔은** 그리스도**의 피의 교제가 아니며 우리가 떼는 이 빵은** 그리스도**의 몸의 교제가 아니냐? 이는 우리 많은 사람이 한 빵이요, 한 몸이기 때문이며 우리가 모두 그 한 빵에 참여하기 때문이라**』(고전 10:16-17).

우리는 여기서 다시 그리스도의 "몸과 피"가 등장하는 것을 볼 수 있다. 그런데 이번에는 17절에 나타난 그 정의가 절대적이기 때문에 어떤 식인종도 주님께서 그분 자신이나 다른 사람의 실제 문자 그대로의 살과 피를 말하는 것이라 생각할 수 없게 만들어 놓으셨다. "그리스도의 피"와 "그리스도의 살"을 말씀하신 후, 바울은 『**우리 많은 사람이 한 빵이요, 한 몸이기 때문**』이라고 말했다. 즉 이 현저한 본문에서 성령께서는 "그리스도의 몸"을 "영적인 몸을 구성하는 믿는 자들의 무리"로 정의내리신 것이다. 결국 주님께서 요한복음에서 말씀하신 『**살리는 것은 영이니, 육은 전혀 무익하니라.**』고 하신 말씀이 다시 확증되는 것이다.

이 진리는 이교도 식인 제사에 불과한 로마카톨릭의 의식적 "성사"와 성경이 말씀하고 지역 교회에서 실행하는 기념으로서의 주의 만찬 사이에 분명하게 선을 그어 준다. 이 시대에 "그리스도의 몸"은 "예수 그리스도 안에서 하나" 된 믿는 자들의 몸이며(고전 12장), 주님은 그들 안에 계시다(골 1:27). 그리스도께서는 그분의 아버지로 말미암아 사시며 이는 영적인 공급을 의미한다(요 6:57). 왜냐하면 『하나님은 한 영』이시기 때문이다(요 4:24). 그리스도께서 "아버지로 말미암아 사는 것"이 이러하다면, 우리가 그분의 "몸"을 먹음으로 그분의 아들로 말미암아 "사는 것"도 동일한 방식인 것이다. 이 시대의 그리스도의 몸은 실제적인 살일 수 없는데, 이는 『**육은 전혀 무익**』하기 때문이다. 바울은 심지어 『**육신을 따라**』 예수 그리스도를 알기를 거절하기까지 했다(고후 5:16).

반대로 이 몸은 "성령으로 태어나고"(요 3:3-5) 한 성령으로 한 몸 안으로 침례 받은(고전 12:13) 사람들로 구성되어 있기 때문에, 그들 서로가 하나의 영적 실체로서 서로에게 양분을 공급하는 것이다.

『**그로부터 온몸이 각 부분의 분량 안에서의 효과적인 역사를 따라 각 마디를 통하여 공급을 받아 알맞게 결합되고 체격이 형성되어 몸을 성장시키며 사랑 안에서 몸 자체를 세워 나가느니라**』(엡 4:16).

『**이는 몸 안에 분열이 없게 하실 뿐만 아니라 지체들이 서로에게 동일한 관심을 가지게 함이라. 만일 한 지체가 고통을 받으면 모든 지체가 그와 함께 고통을 받으며 만일 한 지체가 영광을 얻으면 모든 지체가 함께 기뻐하느니라. 이제 너희는** 그리스도**의 몸이요 개별적으로는 그 지체들이라**』(고전 12:25-27).

이 구절들은 600,000,000명의 로마카톨릭교도들에게는 "감추어진 진리들"이다. 왜냐하면 『**자연인은** 하나님**의** 영**의 일들을 받아들이지**』 않기 때문이요, 『**그 일들이 그 사람에게는 어리석게 여겨지기 때문**』이다(고전 2:14). 요한복음 6장을 읽고 이해하기 위해서는 먼저 새로운 출생을 경험해야 한다. 그렇지 않고서는 우리가 앞에서 인용한 모든 구절들도 알 수 없다. 요한 바오로 2세나 현 교황인 프란체스코 1세도, 베르나데트 데블린, 피델 카스트로, 아돌프 히틀러, 테드 케네디, 미국무장관 존 케리, 타임과 라이프 지의 편집장들, 팁 오닐, 윌리암 랜돌프 헐스트, 중앙아메리카와 남아메리카의 모든 대통령도 거듭나지 않았기 때문에 이 진리를 모른다.

그들에게는 속담 그대로 "무지가 축복이다."

제 11 장

"축자적으로 완전히 영감받은(?) TV"

『그때 그가 내게 말씀하시기를 "인자야, 너는 이스라엘 집의 노인들이 어두운 곳, 각기 자기 형상의 방 안에서 행하는 것을 보았느냐? 그들이 말하기를 '주께서는 우리를 보지 않으시며 주께서는 땅을 버리셨다.' 하는도다." 하시더라』(겔 8:12).

사도행전 17:21의 아테네인들처럼(이 구절은 1800년 이후에 출간된 모든 영어성서에서 변개되었다.), 밥존스대학의 교직원과 교수진이 주축을 이뤄 주도하는 모든 현대의 배교한 근본주의자들은 우리가 "감추어진 성경"이라고 부르는 본문들이 존재한다는 것은 인식하고 있지만, 감히 무서워서 시간을 내서 이 말씀들을 살펴보지는 않는다. 결국 죄인이 성경에 많은 시간을 들이지 않는 이유는 "성경이 그를 대적하기 때문이며 그도 그것을 알기 때문이다". 보수주의와 근본주의 학자들도 예외가 아니다. 에드 넬슨(Ed Nelson)이나 로드니 벨(Rodney Bell)이나 웬델 멀런(Wendell Mullen)이나 마이런 씨다홈(Myron Cedarholm)이나 학자들과 교수들도 똑같은 평범한 죄인에 불과하다.

이제 우리는 흥미진진한 구절을 다루게 될 텐데, 물론 이 구절은 기독교 유명인사들과 학자들과 신학교들이 추천하는 변개된 현대의 "새로운" 영어성서들에는 변개되어 있다. (그러나 이 구절은 〈킹제임스성경〉이 출간된 후 지난 400년 동안 여기에 제시한 그대로 나와 있다.)

『그 땅 거민을 너희 앞에서 다 몰아내고 그들의 모든 그림들을 파괴하고 모든 부어 만든 형상들을 다 파괴하며 산당들을 다 뽑아 낼 것이며』(민 33:52).

이 구절에는 근본주의와 보수주의와 복음주의 학자들이 "매우 의심스럽게" 여기는 단어가 하나 있다. 사실 그들은 이 단어를 너무 의심스럽게 여겨서 NKJV를 포함한 모든 "신뢰할 만한 역본"들에서 제거해 버렸다.

어떤 단어인지 알겠는가!

학자들은 "축자 영감받은 원본"이나 "하나님의 숨결을 불어넣은 성경"이라는 용어들을 사용하면서, 성경의 "무오성"과 "성경을 위해 싸우는 전쟁" 등을 운운하면서도, 모두들 민수기 33:52에 있는 단어를 삭제해야 한다고 결의한 것이다.

이제 어떤 단어인지 알겠는가?

어쩌면 독자들은 이렇게 말할 것이다. "럭크만 형제님, 그 단어가 무엇인지 알려면 히브리어 사본들을 읽을 수 있는 지식이 있어야 하지 않을까요?"

아니다. 전혀 그렇지 않다. 또 이렇게 말할 수도 있을 것이다.

"그렇지만, 케일이나 델리취가 만든 원어 사전이나 게세니우스나 칼레가 쓴 히브리어 문법책 정도는 구비해 놓고 있어야 하지 않나요?"

전혀 그렇지 않다. "하지만 럭크만 형제님, 제게 적어도 헬라어로 된 구약 칠십인역 사본 정도는 필요하지 않을까요?"

전혀 그렇지 않다.

"그러면 미국에 있는 이 모든 선하고 경건하며 헌신적이고 자격 있고 인정받고 성별된 전천년주의 신앙을 고백하고 구령하는 배교자들이 바꿨다고 하는 성경 단어들 중의 하나를 알기 위해서 도대체 어떤 학자적인 도구와 교육이 필요한 것이죠?"

간단하다. 독자들이 갖춰야 할 한 가지는 인간 본성을 아는 것이다. 그것이 이 일을 하기에 필요한 유일한 것이다. 인간 본성에 대해서 아주 조금만 안다고 해도 독자들은 모든 히브리어 사본들, 모든 히브리어 원어 사전들, 모든 히브리어 원문들, 모든 영어성서들, 지금까지 살았던 모든 히브리어 학자들을 비평적으로 평가할 수 있다.

"그렇지만 럭크만 형제님, 제가 인간 본성을 판단할 때 오류라도 범하면 어떻게 하죠?"

그럴 수도 있다. 그러나 독자 자신의 오류들도 고쳐줄 수 있는 책 곧 〈킹제임스성경〉을 오른손에 들고 있다면 오류를 범하지 않을 것이다.

『여자가 보니 그 나무가 먹음직하고 보기에도 즐겁고 현명하게 할 만큼 탐스러운 나무인지라, 그녀가 거기에서 그 열매를 따서 먹고 그녀와 함께한 자기 남편에게도 주니, 그가 먹더라』(창 3:6).

『또 아비멜렉이 아브라함에게 말하기를 "네가 무엇을 보고, 네가 이 일을 행하였더냐?" 하니』(창 20:10).

『이에 롯이 눈을 들어 요단의 온 평지를 바라보니, 소알에 이르기까지 어느 곳이나 물이 넉넉하더라. 그곳은 주께서 소돔과 고모라를 멸망시키기 전이었으니, 주의 동산 같고 이집트 땅과 같더라』(창 13:10).

『내가 약탈물 가운데서 아름다운 바빌론제 옷 한 벌과 은 이백 세켈과 오십 세켈 무게의 금덩이 하나를 보고 탐내서 그것들을 취하였나이다. 보소서, 그것들을 내 장막 가운데 땅에 숨겼으며 은은 그 밑에 있나이다』(수 7:21).

『삼손이 팀나에 내려가서 팀나에서 필리스티아인 딸들 가운데 한 여인을 보고』(판 14:1).

『그후 삼손이 가자에 가서, 거기서 한 창녀를 보고 그녀에게로 들어갔더니』(판 16:1).

이제 위에 인용한 성경 말씀이 어디로 향하고 있는지 알겠는가? 민수기 33:52을 수정한 학자들에 따르면 이 구절들도 "감추어진 성경"의 일부이다.

이제 독자들도 알겠지만, 학자들의 문제는 에스겔 14:1-10과 관계

있으며, 이는 우리가 이전에 다룬 적이 있다. 이런 간단한 구절도 신학교 강의실이나 강단에서 온전히 가르치거나 논의하지 않는 이유는 "엘리자베스 시대의 고어 영어인 1611년 〈킹제임스성경〉" 때문이 아니다. 또한 그들이 비난하듯이 "〈킹제임스성경〉의 판본들 간의 차이들" 때문도 아니다. 전혀 아니다. 이 문제는 20세기 학자들이 만들어 낸 "고도의 개연성," "역동적 문자적 일치," "축자적으로 완전히 영감받은 원본"과 같은 말장난보다 더 깊은 부분에 속한 것이다.

민수기 33장과 관련된 진짜 문제는 "거실에" 있다.

"어디라고요?" 독자들은 이렇게 물을 것이다.

그렇다. "거실에 있다."

혹자는 이렇게 물을 것이다. "럭크만 형제님, 아니 오늘날의 거실이 민수기 33:52과 무슨 상관이 있습니까?"

오늘날의 거실이 이 구절과 왜 상관이 있는가는 아래의 말씀을 보면 알 수 있다.

『몸의 빛은 눈이라. 그러므로 네 눈이 순전하면, 네 온몸이 빛으로 가득 찰 것이요』(마 6:22).

그러면 이제 민수기 33:52에서 학자들이 제거한 단어가 무엇이라고 생각하는가?

근본주의, 보수주의 학자들은 자신들을 "믿음을 위해 담대히 싸우는" "근본주의의 거인들"이라고 부르며 "하나님의 말씀을 의심 없이 신뢰"한다고 말한다. 그러면 위선으로 악취를 풍기는 이 "믿음의 거인들"로 한 번 설명해 보라고 하라. 만약 이스라엘 자손들이 이집트에서 나올 때 주신 명령들이 구원받은 죄인이 세상 체계에서 나오는 것을 예표한다면, 또한 광야를 통과하면서 가졌던 여정이 이집트와 약속의 땅 사이에 있는 육신적인 삶을 나타낸다면, 또한 여호수아가 약속의 땅에 들어간 것이 믿는 자의 영적 전쟁을 묘사하는 것이라면 (사실 모든 근본주의와 보수주의 학자들은 이렇게 예표들을 가르친다.), 왜 "자격 있는 학자들"이 이스라엘 자손들이 그들의 영적 전쟁을 시작할 때 받은 명령들을 제거하려고 하는 것인가?

마귀 말고 누가 이런 중대한 명령을 없애 버리려고 노력하겠는가?

우리의 근본주의와 보수주의 학자 "동료들"이 로마카톨릭이 된 것이 틀림없다.

우리 사령관께서 주신 명령이 "걸스카우트" 학자들의 구미에 맞게 제거된 것이다(필자의 책, 〈Problem Texts〉을 보라).

그렇다. 이 "선하고, 훌륭하며, 경건한" 배교자들은 『**그림들**』(pictures)라는 단어가 성경에 있어서는 안 된다고 판단한 것이다. 이는 이교도들의 그림들은 파괴하지 않아도 된다는 뜻이다. 그래서 로크만 재단의 번역위원회(NASV)나 필립 샤프의 번역위원회(ASV)나 파스타드의 번역 위원회(NKJV, 핸더슨, 달라, 크리스웰, 힌드슨, 돕슨 등)나 무디성경신학원의 졸업생들과 후원자들과 남침례교교단(RSV)은 그들의 집에 TV를 놓아 두고 독자들의 집에도 TV를 놓아 둬도 괜찮도록 조치를 취한 것이다.

정말 훌륭한 최고급의 "학자"적 능력의 발휘가 아닌가?

"고어로 된 〈킹제임스성경〉"을 "이해할 수 있도록 업데이트한" "현대 복음주의 학자들의 최고봉"들이 한 일이 어떠한가?

20세기와 21세기의 "선하고 경건하며 성별된 근본주의자들"이 정말 이렇게까지 하면서 성령님을 거역하고 성경을 변질시키고 하나님의 명령들에 불순종하고, 그들 자신의 신들을 끝까지 숨겨 두는 것이 놀랍지 않은가? 돕슨, 달라, 힌드슨에 비하면 사울은(삼상 15:23) 아마추어에 불과하다. 이런 자들의 마음의 동기를 독자들이 지금까지 몰랐던 이유는, 또한 많은 사람들이 "럭크만 형제의 거친 언어"와 럭크만이 "선하고 경건한 사람들을 공격한다"고 비난하는 이유가 무엇인지 아는가? 먼저는 이와 같은 성경과 관련된 이슈들에 전적으로 무지해서이며, 또한 대개의 사람들도 학자들처럼 그들의 거짓 신들을 계속 붙들고 있기를 원하기 때문이다.

성경을 알지 못하는 자들의 유유상종이다.

제 12 장

그리스도의 몸 안에서 일어나는 타락의 원인

『**그러한 자들은 우리** 주 예수 그리스도를 **섬기는 것이 아니라 자기들의 배를 섬기는 것이니 정중한 말과 그럴듯한 언변으로 순진한 사람들의 마음을 미혹하느니라**』(롬 16:18).

딘 버간(Dean Burgon)은 일찍이 1896년에 〈전통원문내의 변개의 원인들, *The Causes of Corruption in the Traditional Text*〉이라는 걸작을 썼다. 버간은 의도적인 변개들과 비의도적인 실수들을 분류하면서, 후자를 "펜과 눈의 실수"라고 설명했다. 학자들은 이런 실수들을 쉽게 말할 수도 있는데 괜히 장사꾼들처럼 자신들만의 전문 용어들을 만들어 사용한다(필자의 〈책들의 제왕, *Monarch of the Books*〉을 보라. 1980). 그러나 학자들이 만들어낸 용어들은 모두 몰라도 전혀 상관없는 것들이다.

버지니아 비치의 로드니 벨은 1983년 "가짜 근본주의자"(Pseudo-Fundamentalist)라는 용어를 처음 만들어 사용했다. 이에 대한 복수로 잭 반 임프(Jack Van Impe)는 "신근본주의자"(Neo-Fundamentalist)라는 말을 고안해냈다. 물론 두 용어 모두 의미 없기는 매한가지다. 벨은 밥존스대학을 대신해 잭 반 임프를 정죄한 것이다. (밥존스대학은 그들을 비평하는 사람은 그가 어떤 믿음을 가졌든지 상관하지 않고 정죄한다.) 잭 반 임프는 자신의 TV 프로그램을 대적하는 밥존스대학의 반대를 무마시키기 원했던 것이다. 당시 잭 반 임프는 TV 사역을 위해 상당한 재정적인 후원을 필요로 했었다. 이 상황은 린드셀(Lindsell)의 이름만 그럴싸하고 유치한 책 〈성경을 수호하기 위한 전쟁, *The Battle for the Bible*〉(1982)과 유사하다. 그러나 이 책은 "전쟁"과도 "성경"과도 전혀 상관없는 책이다. 즉 이처럼 그럴싸한 용어들과 명칭들을 고안해 사용하는 것은 "걸스카우트" 학자들이 잘하는 짓이다(필자의 〈소위 킹제임스성경의 "오류들," *The "Errors" in the King James Bible*〉을 보라, 1999년). 우리는 이에 대해서 자세히 다룬 바 있고, 이들이 발명한 용어들은 어떤 실제적인 문제도 다루지 않는다.

오늘날 20세기와 21세기의 진짜 문제는 배교가 바로 그리스도의 몸 안에서 일어나고 있다는 사실이다. 이 배교에는 흔히 지적하는 "선한 사람들 간에 있는 불일치"나 "서로 다른 원문들에 대한 선호도"나 "우리가 일차 성별할 것인가 이차 성별할 것인가"나 "형제들에게 사랑 안에서 진리를 말하지 못한 것"보다 더 근본적이고 더 성경적인 원인들이 있다. 또한 교회사의 어느 시기에 일어난 어떤 배교도 현대의 근본주의자들과 보수주의자들이 떠벌리는 "성별"과 "믿음의 근본사항들"과 무관하다. 힌드슨, 돕슨, 윌밍턴과 그들을 가르쳤던 자들과 그들이 가르친 자들과 그들을 믿어 준 사람들은 모두 "근본주의"가 핵심 이슈인 것처럼 생각하길 원한다. 우리는 앞에서 적어도 세 번 이상(제1장 "지옥으로 간 호전적인 근본주의자," 제2장 "모비 딕과 흰 악어," 제4장 "가장 악랄한 이단, 럭크만파"를 보라.) 이런 자들과 그들의 스승들과 그들의 제자들은 그리스도인들 가운데서 배교가 어떻게 생기는지, 그 뿌리와 원천이 무엇인지에 관한 문제들을 논의할 역량도 없을 뿐더러, 그들 자신도 배교에 깊이 빠져 있음을 살펴보았다. 상식을 가진 사람이라면 (최종권위와 절대권위에 있어서) 자신이 실제로 믿지 않는 것을 믿는다고 고백하는 사람들의 말을 전혀 들을 필요가 없음을 알 것이다. 결국 그런 자는 자기 자신의 의견과 좋아하는 "선호" 외에 그 어떤 실제적인 최종권위가 없으며, 그렇다면 그가 무엇을 믿는다고 고백하든지 그는 일종의 무정부주의자에 불과한 것이다. 과연 얼마나 무정부주의자를 신뢰할 수 있겠는가?

이제 우리는 몇 구절을 살펴볼 것이다. 이 구절들은 별 상관이 없는 것처럼 보일 것이다. 그러나 모두 하나로 합쳐서 보면 정말 서로 연결되는 "피는 물보다 진한" 구절들인 것을 알 수 있을 것이다.

『**돈을 사랑하는 것이 모든 악의 뿌리니, 이것을 욕심내는 어떤 사람들이 믿음에서 떠나 방황하다가 많은 슬픔으로 자신들을 찔렀도다**』(딤전 6:10).

이 구절에 대해서 정말 재미있는 것은 1800년 이후로 모든 "선하고 경건한" 번역위원들이 출간한 모든 영어성서에서 이 구절이 변개되었다는 것이다. 그러나 1611년 이후로 〈킹제임스성경〉의 모든 판에는 전혀 변함없이 그대로 지켜져 왔다. 그렇다면 이 구절 어딘가에 현대의 번역자들에게 벌처럼 찔림을 주고 그들이 견딜 수 없어 하는 뭔가가 있는 것이다. 지난 400년 동안 "선하고 경건한" 현대의 학자들이 화가 나서 참아줄 수 없는 것이 이 구절 안에 있었던 것이다. 그들 모두가 짜증이 날 뿐만 아니라 그들 모두가 이 구절로 인해 "발끈"하게 된 것이다.

다음으로 학자들에게 찔림을 주는 구절은 이것이다.

『**마음이 부패하고, 진리를 상실하며, 이익이 경건이라 생각하는 사람들 사이에 무익한 논쟁이 일어나느니라. 그런 데서 네 자신은 빠져 나오라**』(딤전 6:5).

우리는 다시 비참한 현실과 맞닥뜨리게 된다. 테네시템플, 밥존스대학, 리버티대학, 일반침례교교회연합, 퍼시픽코스트신학대학 등에서 일하는 모든 근본주의자와 무디, 휘튼, 풀러, 달라스, 덴버신학교에서 일하는 모든 복음주의자는 모두 이 구절을 수정하는 것에 찬동하여 이 구절을 자유주의를 표방하는 전미교회협의회가 출간한 1952년의 RSV와 똑같이 만들어 놓았다. 노랑가오리의 가시처럼 그들을 제대로 쏘고 찌르는 뭔가가 디모데전서 6:5에 있는 것이다. 즉 최근 출간된 45개의 "업데이트"된 영어 성서들을 검증하고 판단하건대 그렇다는 것이다. 이 구절은 수많은 학자들을 피흘리게 만들었고, 지난 100여 년간 소위 "이차 성별하고 타협치 않는" 위선자들이 "호전적인 입장"

을 가졌다고 해도 하나도 봐주지 않고 모두 찌르고 쓰러뜨렸다. 그들은 모두 성령의 칼에 베여져 피를 흘린 것이다. 밥존스대학과 리버티대학의 모든 "선하고 경건한" 학자들은 피가 흐르는 그들의 상처를 동여매면서 이 구절에서 그 칼날을 제거한다. 그들이 양성한 후대의 학자들이 그들이 찔린 것처럼 찔리기를 원치 않는 것이다.

이제 우리는 남은 세 구절을 모두 제시한다.

『하나님**의 진노가 불의 가운데서 진리를 붙잡는 사람들의 모든 불경건과 불의에 대하여 하늘로부터 계시되거니와**』(롬 1:18).

『**이는 그들이** 하나님**의 진리를 거짓말로 바꾸어 피조물을** 창조주**보다 더 경배하고 섬겼음이라. 하나님은 영원토록 찬양받으실 분이로다. 아멘**』(롬 1:25).

『**우리는** 하나님**의 말씀을 변개시킴으로써** *이익을 취하는* **여러 사람들과 같지 않고 오직 성실함으로써 또** 하나님**께로부터 난 자로서** 하나님 **앞에서와** 그리스도 **안에서 말하노라**』(고후 2:17).

이 세 구절은 다른 두 구절과 함께 권위를 인정받은 〈킹제임스성경〉을 NKJV, ASV, RSV, NIV, NASV, NRSV, NWT, NEB와 이와 유사한 변개된 영어성서로 대체하려 했던 교수와 그 학생들에게는 감추어진 진리들이다.

이 구절들은 모두 1800년 이후에 출간된 소위 "성경"이라고 이름

붙인 모든 변개된 영어 성서들에서 예외 없이 수정되었다. "이차적 성별"을 더 많이 이룬 "호전적인 근본주의자"이면 일수록 그들은 더 깊이 〈킹제임스성경〉의 이 구절들이 주는 찔림을 크게 받는 것이다.

그들은 자신이 믿지도 않는 것을 선포하면서 이런 짓을 한다. "우리는 성경이 하나님의 말씀이라고 믿습니다. 우리는 성경의 절대권위를 믿습니다! 성경은 하나님의 말씀을 포함하고 있는 것이 아니라, 성경 자체가 하나님의 말씀('Word' of God)입니다!"

우리가 인용한 이 다섯 구절들은 다음 세 가지 사항은 다루지 않는다.

1. 근본주의의 기본적인 "믿음의 근본사항들"을 믿는다고 고백하는 것.

2. 현대주의와 신복음주의에 찬성하거나 반대하는 "입장"

3. 세상에서 성별하는 기준들, 혹은 근본주의자들이 제 맘대로 만들어낸 성별의 기분들에 따라 "형제들"에게서 성별하는 것.

웬델 멀런(Wendell Mullen)이나 밥 존스 3세나 왈부드나 씨다홈 등이 위의 세 가지 사항에 대해서 어떻게 생각하고 믿었는지는 이 다섯 구절들에 이들이 어떻게 반응하는가와 전혀 관계가 없다. 하나님께서 존귀하게 다루신 종교개혁 원문, 곧 〈킹제임스성경〉에 나온 그대로 이 다섯 구절들을 맞닥뜨렸을 때, 배교자는 다섯 구절 모두를 수정해 버렸다. 그의 믿음의 고백이나 성별의 기준들은 전혀 중요한 요소가 아니다. 그는 훨씬 더 근원적이고 강력한 영에 의해 이끌림을 받고, "이차적 성별," "호전적 근본주의," "신근본주의자들 혹은 가짜 근본주의자들" 등과 같은 어린애 장난 같은 용어들보다 훨씬 더 근본적이며 강력한 동기에 의해서 움직이는 것이다.

이제 다시 앞에서 제시한 다섯 구절들을 읽어 보라. 이 구절들이 무엇에 초점을 맞추고 있는지 보라. 옛날에 샘 존스는 "개가 발길에 채이면 짖어대기 마련이다."라고 말한 적이 있다(Sam Jones, 1880년). 그러면 과연 다윗의 물매로 던진 이 다섯 개의 돌들이 어디로 날아갔는지 그 방향을 확인해 보자.

1. 고린도후서 2:17은 많은 사람들이 하나님의 말씀을 변개시키는 일을 했다고 말하고 있다. 하나님의 말씀을 물건처럼 "팔거나" "장사" 하려 했다는 뜻이 아니다.

2. 하나님께서 이 사람들을 대적하시는 이유는 이들이 『**불의 가운데서 진리를 붙잡는**』 자들이기 때문이다. 즉 그들은 그들의 손에 진리를 가지고 있음에도, 불의 가운데 그 진리를 붙들고 있는 것이다.

3. 이런 자들이 『하나님**의 진리를 거짓말로**』 바꾸기 원한다는 사실로 이들을 단박에 알 수 있다.

4. 그들이 이렇게 행하는 이유는 자신의 수입을 위해 그렇게 하는 것이다. 그들은 (신학교의 등록 학생 수의 증가, 책 로열티 수익, 학위 등과) 수입의 증가를 자신의 경건의 증거로 여긴다(딤전 6:5,10을 보라).

그러면 독자가 이들의 입장이라면 어떻게 하겠는가? 이 다섯 구절 중의 어느 한 구절이라도 지난 400년 동안 보존된 그대로 남겨 두겠는가?

이 구절들을 수정하고 싶지 않겠는가?

이 구절들을 수정하고 싶지 않다면, 왜 그들이 이 구절들을 수정했겠는가?

자신의 마음이 하나님 보시기에 올바르다면 왜 이 구절들을 수정하기 원하겠는가? (제3장 "교육받지 못한 자의 무지 대 교육받은 자의 무지"를 보라.)

그러고 보니 우리는 다시 마음의 동기들을 다루게 되었다. 어떻게 성경을 제대로 배우는 작업을 하고 있는데, "근본주의"나 "신근본주의"나 "자유주의"나 "현대주의"나 "성별"이나 "가짜 근본주의"나 "사랑 가운데 진리를 말하는 것"이나 "그리스도를 나눔"이나 "신복음주의"나 "유능한 교수들"과는 단 한 번도 마주치지 않는 것은 왜 그런 것인가?

대신 우리는 이 구절들을 심도 깊게 공부할 때마다 하나님의 말씀들을 망치려는 죄인의 마음의 동기를 들여다보게 된다.

최초로 하나님의 말씀을 변개시키려고 한 존재는 누구인가? 만약 당신이 배교의 뿌리와 근원에 관심이 있다고 한다면, 그러면 그것은 어디서 시작된 것인가? 최초의 변개자는 하나님의 말씀을 변개하였는가, 아니면 단순히 ASV, NASV, RSV, NRSV, NIV, NKJV, NWT, NEB에서 바꿔 놓은 것처럼 단순히 그 말씀을 "팔거나" "장사하려" 한 것인가?

『주 하나님**께서 지으신 들의 어떤 짐승들보다도 뱀은 더욱 간교하더라. 그가 여자에게 말하기를 "참으로** 하나님**께서 말씀하시기를 '너희는 동산의 모든 나무에서 나는 것을 먹지 말라.' 하시더냐?" 하니**』(창 3:1).

여기서 "팔거나" "장사"할 것이 무엇인가? 창세기 3장에서 이브가 세켈이 가득한 돈지갑을 꺼내기라도 했단 말인가?

보라. 사탄이 관심을 보인 것은 하나님께서 말씀하신 말씀들에 의심을 불어넣는 일이었다.

누군가가 당신의 마음에 하나님께서 하신 말씀들에 의문을 던져준 적이 있는가? 만약 그 자가 자신이 "호전적인 근본주의자"라고 자처한다면 그 자는 도대체 누구인가?

사탄은 잭 반 임프가 자신의 책에서 나열한 다섯 개의 모든 믿음의 "근본사항들"을 다 믿으며(1984년), 뿐만 아니라 밥 존스 주니어가 밥 존스대학의 신조에 대해 소책자에서 언급한 모든 다섯 개의 "근본사항들"을 다 믿는다(1980년). 사탄은 이 두 근본주의자들이 포함하기를 잊어버린 다른 다섯 개의 근본사항들도 믿는다. 곧 믿는 자의 구원의 보장, 지역 교회의 자치성, 성인인 믿는 자를 물에 넣어 침례 주는 것, 교회와 국가의 분리, 땅의 모든 피조물에게 복음을 전하라는 성경의 명령이다.

사탄도 근본주의자다. 그것도 진짜 근본주의자다.

그렇다. 혹자가 라오디케아 교회 시대의 그리스도인의 신앙의 핵심 이슈가 (어떤 종류든) "근본주의" 혹은 "보수주의"라고 하는 자들은 사실 그렇게 말하면서 성경을 믿는 당신의 믿음을 반쯤 파괴하는 데 성공한 것이다. "근본주의"는 결코 이슈가 아니다. "근본주의"는 1900년부터 1940년까지 교파를 초월한 사람들이 그들 자신을 종교적 자유주의자들과 구별하기 위해 사용한 용어다. [정부가 두 집단 모두를 손가락 하나도 까닥하지 않고 완전 통제할 것이기 때문에, "근본주의"가

어떻고 어떻다 말하며 파고들 필요가 없다. 이슈는 과거에도 최종권위였고 현재에도 최종권위(FINAL AUTHORITY)이며, 앞으로 마찬가지다. 2,000년 교회사에서 다른 어떤 것이 이슈가 된 적이 없다.]

매일 "축자 영감받은 원본"을 떠들어대는 히브리어 학자들과 헬라어 학자들 중의 한 명을 불러서 그에게 물어보라. "왜 시장에 나온 모든 영어 성서 중에 신약에서 '많은 사람'이 '하나님의 말씀을 변개'한다는 부분을 삭제하지 않은 것이 없냐(고후 2:17)?"고 물어보라. 만약 그가 단지 많은 사람들이 하나님의 말씀을 변개한 것이 아니라 "팔거나" "장사"했을 뿐이라고 말한다면, 이런 일이 진행된 것이 성경 어디에 나오냐고, 그 예를 다섯 군데만 알려 달라고 말해 보라. "많은" 사람들이 그렇게 했다면 적어도 다섯 번 정도는 기록된 자료로 남아 있지 않겠는가?

그러나 그런 일은 유다와 이스라엘의 말기에 나타난 거짓 선지자들을 다루는 경우를 제외하면 단 한 번도 일어나지 않았다. 그리고 제사장들과 선지자들은 이미 하나님의 말씀들을 변개시킨 상태였고, 삯을 위해 변개된 하나님의 말씀을 가르치는 경우였다. 그런 모든 경우에 있어서 하나님께서 책망하신 것은 『**너희가 살아 계신** 하나님, **만군의 주 우리** 하나님**의 말씀들을 변질시켰음이라.**』이다(렘 23장). 또한 하나님의 순수한 말씀을 변개시키지 않고는 그것을 "팔" 수도 없다. 왜냐하면 기록된 그대로의 하나님의 말씀은 상품화할 수 없기 때문이다. 먼저 변개시켜야 하는 것이다(렘 23:16,26,32,35, 겔 13:16-17, 딤후 4:1-6). 『**게으른 탐식가들**』이었던 크레테인들도(딛 1장) 하나님의 말씀을 "팔"지는 않았다. 그들은 『**더러운 이익 때문에 가르쳐서는 안 될**

것들』을 가르쳤을 뿐이다(딤 1:11).

1. 이브는 하나님의 말씀들을 "팔지" 않았다. 이브는 하나님의 말씀을 변개했다.

2. 사탄은 하나님의 말씀들을 "팔지" 않았다. 사탄은 하나님의 말씀을 변질시켰다.

3. 파라오는 하나님의 말씀들을 "팔지" 않았다. 그는 그 말씀에 불순종했다.

4. 노아의 세대는 하나님의 말씀들로 "장사하지" 않았다. 그들은 다만 그 말씀을 조롱했다.

5. 롯의 사위들은 하나님의 말씀들로 "장사하지" 않았다. 그들은 그 말씀들을 비웃었다.

6. 사울은 하나님의 말씀들을 "팔지" 않았다. 그는 불순종했을 뿐이다.

7. 발라암은 하나님의 말씀들을 "팔지" 않았다. 발라암은 그 말씀들을 변질시킨 것을 팔 수 없었기 때문에 그 말씀을 믿지 않고 전했을 뿐이다.

8. 요시아는 하나님의 말씀들을 "팔지" 않았다. 그는 그 말씀을 진지하게 받아들이지 않았을 뿐이다. 베드로도 그랬다.

9. 열왕기상에 나오는 이세벨의 선지자들은 하나님의 말씀들로 "장사하는 데" 단 5분도 낭비하지 않았다. 그들은 하나님의 말씀들을 전하지도 않았다.

10. 바예수도(행 13장) 하나님의 말씀 비슷한 것도 "팔지" 않았다.

11. 요술사 시몬은 성령을 팔기 원했지(행 8장) 하나님의 말씀을 팔지

않았다.

만약 고린도후서 2:17에서 "팔다"라고 번역한 것이 옳다면 도대체 그 많은 "파는 자들"은 어디 있는가?

"장사"가 맞는 표현이라고? 하나님께서 부르신 하나님의 설교자들은 하나님의 말씀을 전해서 생계를 유지하라고 부르심 받은 것이다.

『**내가 기꺼이 이 일을 하면 상이 있으려니와 기꺼이 하지 아니한다 해도 복음의 경륜이 내게 맡겨졌음이라**』(고전 9:14).

『**그들은 진실로 기뻐하였으며 또한 저들에게 빚진 자니 이는 이방인들이 저들의 영적인 것에 참여하였으면 그들의 의무는 또한 물질적인 것으로 그들을 섬기는 것임이라**』(롬 15:27).

『**변개**』라는 표현을 피해서 "팔다," "장사하다" 등으로 바꿨더니 오히려 더 이상하게 꼬여 버린 것이다.

그러면 ASV, NKJV, RSV, NIV, NRSV, NASV 등에서 말하는 사람들이 도대체 누구인가?

그렘린들과 같은 못된 요정들이 와서 그렇게 행하는 것인가? 도대체 누구를 말함인가?

변개된 영어성서에서 말하는 "팔고" "장사"하는 자는 존재하지 않는 것이다.

그들은 존재한 적이 없다. 다만 하나님의 말씀들을 변개시키고 이익을 얻고자 하나님의 진리를 거짓말로 바꾸는 일에 종사하는 죄인의 상상 속에서만 존재하는 것이다. (〈킹제임스성경〉의 어떤 판이라도 좋다. 다음 구절들을 찾아보라. 롬 1:18,25, 고후 2:17, 딤전 6:5,10)

성경을 변개시켜 출간하고 나서야 비로소 변개된 성서를 "파는" 자들이 있을 수 있는 것이다. 또한 "장사"하는 것도 변개된 성서를 사용하는 것과 그것을 다른 사람들에게 추천하는 것과 관련이 있다. 기록된 성경을 통해 말씀하시는 성령님은 우리가 성경을 성경과 비교하여 공부할 때 누군가가 하나님의 자녀를 "장사"의 대상으로 삼을 때(벧후 2:3), 그들은 하나님의 말씀이 아니라 『**지어낸 말로**』 그렇게 하며, 그들의 동기는 『**탐욕**』이라고 말씀하신다(벧후 2:3).

누구도 진짜 하나님의 말씀을 "팔지"는 못하는 것이다. 그들은 하나님의 말씀을 제거할 뿐이다(롬 1:18,25).

〈킹제임스성경〉의 본문을 믿지 않는 사람들은 이런 문제들에 대한 진리를 깨달을 수 없다. 왜냐하면 우리가 논의한 다섯 구절은 어떤 다른 성서에도 그렇게 기록되어 있지 않기 때문이다. 누가 번역하고 그들이 무엇을 믿는다 하고, 그들의 명성이 어떻고, 누가 그들을 가르쳤으며, 누가 그들을 추천했으며 어떤 출판사가 그것을 출간하고 그들의 변개를 팔아먹었는가는 전혀 중요하지 않다.

성경에서 "파는 것"이 들어갈 수 있는 유일한 부분이 있다면 바로 이 구절이다.

『**너는 뇌물을 받지 말라. 이는 뇌물은 현명한 자의 눈을 어둡게 하고 의로운 자의 말들을 왜곡시킴이라**』(출 23:8).

현대의 배교한 근본주의자들 모두가 어떻게 자신의 죄를 은폐시키는지 유심히 보라. 그들은 고린도후서 2:17이 진짜인 뭔가를 "파는" 것에 대한 것이라고 생각하게 만들었다. 그러나 정반대로 하나님의 말씀을 변개시키는 그들의 행위 뒤에 있는 진짜 동기는 "수익"인 것이다(딤전 6:10). 순수한 것은 팔리지 않는다. 순수한 것이 변개되어야만 팔릴 수가 있는 것이다. 이제 차이를 알겠는가?

욥이 "변질된 것들을 분별"하는 자신의 능력에 대해 말했을 때 그는 사람들이 쓰는 말에 대해 한 말이었다(욥 6:25-26). 욥은 말했다. 『**옳은 말들은 얼마나 힘이 있느냐!**』(욥 6:25) 따라서 학자들이 멸시하는 권위를 인정받은 1611년 〈킹제임스성경〉이 얼마나 강력하였는지, 현대의 근본주의자는 알리바이를 대고 몸을 비비 꼬아대며 거짓말하고 오도하고, 했던 말을 취소하고 합리화하여 자신의 죄들을 은폐시켜야만 했다. 그들의 문제는 마음의 문제다. 오늘날 하나님의 말씀을 "변개"하는 "많은" 사람들은(고후 2:17) 바울 당시의 성경 변개자들과 똑같은 문제가 있는 것이다(딤전 6:10).

이제 마지막으로 "감추어진 진리들"이라 할 수 있는 말씀들을 살펴보고, 어떻게 학자들과 근본주의자들이 자신의 육신적인 동기들을 가리기 위해서 진리를 변개하여 현재와 같은 이런 상태에 이르렀는지 살펴보자.

『**만일 선지자가 속아서 어떤 일을 말하였다면 나 주가 그 선지자를 속인 것이니 내가 내 손을 그에게 펴서 내 백성 이스라엘 가운데로부터 그를 멸할 것이라**』(겔 14:9).

『**이로 인하여** 하나님**께서 그들에게 강력한 미혹을 보내시어 거짓말을 믿게 하심은**』(살후 2:11).

『하나님**께서 아비멜렉과 세켐 사람들 사이에 악한 영을 보내시니 세켐 사람들이 아비멜렉에게 패역하게 행하였더라**』(판 9:23).

『**그러므로 이제 보소서, 주께서 이 모든 왕의 선지자들의 입에 거짓말하는 영을 넣으셨고, 또 주께서 왕에게 재앙을 말씀하셨나이다**』(왕상 22:23).

이 구절들은 미국과 유럽과 아시아에 있는 거의 모든 정신과 의사와 대학교수들에게 "감추어진 진리들"이며, 또한 그들이 이 구절들을 읽는다 해도 그 중 단 한 단어도 믿으려 하지 않을 것이다. 이 구절들은 지금까지 변개된 성서를 출간한 모든 번역위원회와 개정위원회가 가진 어떤 모임에서도 논의된 바 없는 말씀들이다.

1. 이 구절들은 전능하신 하나님께서 사람들이 듣고 믿는 거짓의 창시자라고 말하고 있다.

2. 이 구절들은 하나님께서 사람들을 저주하실 목적으로 그들이 거짓말을 믿는 것을 허락하신다고 진술한다. (뉴스코필드주석성경은 "하나님은 결코 그분의 백성을 속이시지 않는다"라고 주석을 달아놓았다. p.774. 뉴스코필드주석성경 편집진이야말로 속아서 거짓으로 주석을 달아놓은 것이다.)

3. 이 구절들은 하나님께서 더러운 영들이 거짓과 기만으로 이루는

역사를 수행하도록 허락하신다고 말한다.

4. 이 구절들은 인간의 믿음이 자신의 마음의 태도에 달려 있다고 말한다. 또한 하나님께서는 마음의 태도를 아신다(대상 28:9).

5. 이 구절들은 진리를 원하지 않는 사람은 진리를 발견할 수 없다고 말한다(잠 2:3-5, 요 3:16-19).

6. 이 구절들은 죄인이 우상이나 "거치는 돌"을 마음에 세우고서 진리를 구한다면, 그가 교육을 얼마나 많이 받았든지 진리를 찾을 수 없다고 말씀한다.

7. 『**돈을 사랑하는 것이 모든 악의 뿌리니**』(이 구절은 1800년 이후에 출간된 몇몇 영어 성서들에서 변개되었다.) 만약 "원본의 축자 완전 영감"을 믿는 "선하고 경건하며 헌신적이고 성별된" 학자들이 돈을 사랑한다면, 그는 그가 받은 교육적인 자질이 어떠하든지, 아이큐가 얼마나 높든지, 그가 사용하는 자료가 얼마나 희귀한 것이든지, 얼마나 많은 외국어를 섭렵했든지, 어떤 신앙 고백을 하든지, 그가 얼마나 "경건"하고 "성별"된 삶을 살든지 상관없이 진리를 찾을 수 없다.

우상 숭배자는 우상 숭배자일 뿐이다.

A.D. 200년부터 2013년 현재까지 지구상에 살았던 500,000명이 넘는 보수주의 신학자들, 설교자들, 교수들, 학자들, 헬라어 학자들과 히브리어 학자들, 변개된 성서 번역자들, 개정위원들, 주석가들의 사례가 이 진리를 증명한다. 몰몬교도, 여호와의 증인, 안식교, 불교도, 로마카톨릭, 그리스도의 교회, 마호메트 추종자 등도 또한 그들의 마음에 진리를 찾고자 하는 것 외에 다른 동기가 있다면 아무리 조사하고

연구한다 해도 진리를 찾을 수 없다.

교육받은 그리스도인들의 마음에 있는 우상들의 정체는 (이런 종류의 그리스도인들은 항상 '성경 숭배'와 '서기관과 같은 그리스도인'이 있다고 비난한다.) 그들이 디모데전서 6:5,10,20 등을 더욱 "명확"하게 혹은 "엘리자베스 시대의 고어 영어를 오늘날의 언어로 업데이트" 한다는 시도에서 보면 알 수 있다. 그들은 〈킹제임스성경〉의 "고어"를 고쳐 현대의 불쌍하고 무지한 "평신도"들이 "하나님의 말씀을 더 잘 이해하도록" 하는 것이 목적이라고 말한다. 그러나 성령께서는 이 우상 숭배자들이 가장 쉬운 성경적 진리들도 깨닫지 못하게 하셨다.

1. 모든 죄의 근원은 교만이었다(겔 28장, 사 14장). 시제가 과거임을 주목하라.

2. 지상에서 이뤄진 첫 번째 죄는 한 여자가 하나님께서 하신 말씀들에 행한 일이었다(창 3장). 시제가 과거임을 주목하라.

3. 이 죄는 누군가가 "믿음의 근본사항들"을 믿고 말고 하는 것과 하등의 관계가 없었다. 오히려 하나님께서 하신 말씀 그것 자체와 관련이 있었다(창 3장). 시제가 과거임을 주목하라.

4. 오늘날 "모든 악"의 뿌리는 (시제가 현재다.) 『**돈을 사랑하는 것**』이다. 교만도 아니고, 하나님의 말씀을 "파는" 것도 아니다. "돈을 사랑하는 것," 이것 때문에 사람들은 하나님께서 말씀하신 것을 변질시키고 변개하는 것이다.

사도 바울은 신약에서(딤전 6장) 그가 살았던 "현 세상 체계"에 대해서 말하고 있다. 만약 바울이 디모데에게 쓴 서신들을 믿는다면 그것은 또한 "마지막 날들"에 있을 세상 체계를 말한 것이다(딤후 3:1).

바울은 창세기 1장에 있던 죄의 신학적 기원에 대해서 말한 것이 아니었고, 창세기 3장에서 죄가 땅에 어떻게 나타나게 되었는지를 설명한 것도 아니다. 그는 『**돈을 사랑하는 것**』에 대해서 말했으며, 이것이야말로 마피아, 미국외교협회, 연방준비은행, 빌더버거스, 일루미나티, 로스차일드 가문, 마약 거래, 술 장사, 포르노 판매, 상업 광고, 파시즘, 공산주의, 사회주의, 자본주의, 뉴스미디어, 모든 파업과 데모, 전미교육협의회, 로큰롤 음악, 모든 TV 프로그램, 모든 에큐메니칼 운동, 미국흑인인권단체, 바티칸 당국, 모든 새로운 "성경" 번역본들, 권력, 정치, 이혼과 별거 소송, 유언과 유산, 99%의 모든 경제적 거래와 사업 거래 뒤에 있는 동기다.

단 하나의 성경을 제외하고 모든 현대 영어성서에서 디모데전서 6:10은 사라졌다. 그 "단 하나의 성경"이 무엇이겠는가!

하나님께서는 돈을 사랑하는 것과 관련된 죄들을 덮기 위해 하나님의 말씀을 변개하는 이 비천한 죄인들에 대해서 어떻게 생각하시겠는가? 따라서 이 "경건한" 학자들이 그들의 새롭고 "더 명확한" 번역본들의 "서문"을 쓸 때 이런 진리는 결코 언급하지 않는 것이다.

『**주께서 너희에게 선을 행하시고 너희를 번성케 하시기를 기뻐하신 것같이 주께서 너희를 멸하시며 너희를 망하게 하시기를 기뻐하시리라. 또 너희는 네가 차지하려고 들어갈 그 땅에서 뽑히게 될 것이니라**』(신 28:63).

『**나도 너희가 재앙을 당할 때 비웃을 것이요, 너희에게 두려움이**

임할 때 조롱하리니』(잠 1:26).

『**하늘들에 앉으신 분이 웃으실 것이요, 주께서 그들을 조롱하시리로다**』(시 2:4).

『**이제는 나, 곧 내가 그인 줄 알라. 나와 함께하는 신이 없도다. 나는 죽이기도 하고 살리기도 하며 상하게도 하고 낫게도 하나니 내 손에서 건져낼 수 있는 자가 없도다**』(신 32:39).

하나님께서는 죄인들을 멸하시는 것을 기뻐하신다. 이것이 위의 구절들이 말하는 바이다(신 28:63). 본문에서 "죄인들"은 그분 자신이 택하신 백성이다.

인류를 창조하신 분께서 이처럼 강력한 반인본주의적인 선포를 하신 것에 대해 진짜 성경대로 믿는 그리스도인은 어떻게 반응할 것이라고 생각하는가? "자신의 길들을 살피고" "가는 길을 잘 보고" "지극히 높으신 분의 말씀들에 떨지" 않겠는가? (올바른 그리스도인의 반응이 어떤 것인지 알려면 이사야 66:2을 보라.)

그러면 이런 말씀에 대해 현대의 근본주의의 "믿음의 거인들"은 어떻게 반응했는가? 역대기하 34:27의 요시야왕처럼 반응했는가! "나는 그렇게 생각지 아니하노라!"

"축자 완전 영감을 받은 무오한 원본들"을 믿는다고 고백하는 현대의 "믿음의 거인들"은 하나님의 말씀들을 수정하고 하나님의 말씀들을 변질시켜 그 말씀을 자신의 타락한 우상들과 일치하게 만든다.

1. 그들이 변개한 성서들은 하나님께서 『**불의 가운데서 진리를 붙잡는**』 사람에게 그분의 진노를 나타내시리라고 말하지 않는다(롬 1:18). 다만 진리를 "억누르는"(suppresses or holds down) 구원받지 않은 자에게만 진노를 나타내신다고 말한다.

2. 그들은 하나님께서 "하나님의 진리를 거짓말로 바꾸는" 자들에게 그분의 진노를 나타내시리라고 말하지 않는다(롬 1:25). 다만 하나님에 "관한" 진리를 거짓으로 바꾸는 자들에게만 진노하신다고 말한다.

3. 그들의 성서들은 『**돈을 사랑하는 것**』이 『**모든 악의 뿌리**』라고 말하지 않는다(딤전 6:10). 다만 "모든 종류의 악의 하나의 뿌리"라고 말한다.

4. 그들은 그리스도인이 물질적인 이익을 "경건"이라 착각해도 아무 문제 없다고 말한다(딤전 6:5). 그들의 변개된 성서는 다만 "경건한 것으로 이익을 얻으려고" 해서는 안 된다고 말한다. (이것은 예레미야 23:17을 상키시켜 준다.)

5. 그들의 성서들은 (공개적으로) 라오디케아 교회 시대의 기독교 교육의 이방 신들 앞에서 그리스도인 교수가 하나님의 말씀을 변개시키는 데 전 생애를 바쳐도 아무 문제 없다고 한다(고후 2:17). 다만 그 말씀을 "팔거나" "장사"하지만 않으면 된다는 것이다.

이 가련하고 타락한 "근본주의자들"은 "경건"한 것도 아니고, "성별"된 것도 아니다. 그들은 육신적이며 세속적이다. 그들은 성경 "학자"는 고사하고 성경을 공부하는 "학생"도 아니다. 이들은 거만하고 무지하며 두 얼굴을 가지고 있고 말만 번지르르한 위선자들이며, 이들은 "믿음의 근본사항들" 등과 같은 이슈를 들고 나와서, 정작 중요한 하나님의 말씀은 독자의 입에서 앗아가고, 진리의 말씀들은 독자의 뇌리에서 제거하기 원하는 것이다. 그들은 세상의 죄인들처럼(요 8:40-44) "그들의 아비 마귀"에게서 난 것은 아닐지 모르지만, 성경을 변개하고 성경을 왜곡하는 이 악당들은 사실상 이브에게 "참으로 하나님께서 그렇게 말씀하셨느냐?" 라고 물으며 유혹했던 자와 한 패거리가 되어 행동하고 있는 것이다.

그들은 성경이 정직과 도덕적 완전함에 대해서 말하는 위대한 근본 진리들을 알지 못한다. 이 구절들은 다음과 같은 일을 다루고 있다.

1. 진리를 찾는 것
2. 진리를 깨닫는 것
3. 진리를 믿는 것
4. 진리를 보존하는 것

성경이 성경적 진리를 배우는 영역에 대해 말한 이 기본적인 네 가지 근본적인 가르침과 관련하여, 보수주의와 근본주의를 표방한다는 히브리어와 헬라어 학자들은 완전한 무지의 흑암 속에 있다. 이들은 오히려 "하나님의 말씀을 깨닫지 못하도록 방해하는 근본주의자들의 연합"이라고 부르는 것이 더 적절할 것이다.

성경의 진리를 공부할 때 이들은 두 번도 거들떠볼 것 없이 무시해야 한다.

후 기

『내가 그를 위하여 내 율법의 많은 것들을 기록하였으나 그것들이 이상한 것으로 여겨졌도다』(호 8:12).

필자는 이제 (대부분 복음주의와 보수주의를 표방하는) "자격 있고 권위 있는 학자들" 무리가 성경의 50,000와트 짜리 탐조등을 꺼버리고 히브리어와 헬라어 지식이라는 생일 케익 촛불을 밝히면서 놓쳐버린 진리들의 목록을 부분적으로 공개하고자 한다. 그들이 이 성경적인 진리들을 놓친 것은 그들이 성경을 믿지 않으면서, 믿지도 않는 성경을 "사용"하기로 결정했기 때문이다. 이것은 그들 "자신의 사역을 형성"할 때 고의적으로 간과한 진리들 중의 일부이며, 또한 그들이 그렇게 한 것은 그래야 하나님의 성경을 통제하고 성경을 믿는 사람들의 지성까지도 통제할 수 있다고 생각했기 때문이다. 돈을 벌고(딤전 6:10) 그들이 영적 "거인"인 것을 증명하려고(딤전 6:5) 하다가 그들은 그만 하늘에서 내려오는 조명을 꺼버리고 말았다(시 119:30, 벧후 1:19). 또한 그들은 갖가지 변명을 대면서 죄와 악을 지속한다. 즉 그들은 "생각을 달리하는 선한 사람들의 신중한 의견들도 존중해 줘야 할 필요가 있다," "우리는 역사적 입장들에 진실해야 하고 논쟁거리는 삼가야 한다," "하나님의 말씀을 이해하기 위해서는 하나님께서 우리에게 의도하신 그대로 하나님의 마음을 알기 위해 원본으로 가야 한다," "우리에게 동의하지 않는 형제들도 사랑하고, 사랑의 정신으로 학자적인 방법으로 모든 차이점들을 종결짓도록 노력해야 한다."라고 말한다.

쓰잘데없는 펑크족들도 말은 항상 잘하는 것이다.

이들은 이런 경건하게 들리는 식상한 말들을 하면서 그들 자신의 불신으로 말미암는 더럽고 추한 죄들의 흔적을 가리고, 동시에 다음의 성경적인 진리들도 가리는 것이다:

1. 천사들은 날개가 없는 33세 반의 남성이다. 교회 시대에 구원받은 모든 여자들은 휴거 때 33세의 남자의 몸을 받게 될 것이다. (롬 8:29, 빌 3:21, 요일 3:1-2, 고전 15장, 창 19-20장, 마 24장, 계 21장, 히 13:1-4, 마 20-22장, 판 13장, 요한복음의 네 번의 유월절 등을 공부하라.)

2. 대환란 성도에게는 "믿음과 행위들"이 구원의 방법이며, 천년왕국에서는 "행위들"만이 구원의 방법이다. (마 24,25장, 계 12,14,22장, 히 4,6,10장, 슥 13장, 마 5-7장을 공부하라.)

3. 믿는 자가 새로운 출생을 할 때, 그는 자신의 육신의 몸 안에서 혼이 문자 그대로 분리되는, 믿는 자의 영적 할례를 경험한다(골 2장, 롬 7장, 창 20장, 레 20,22장, 민 31장).

4. 마귀들은 그 크기가 파리와 모기에서 독수리와 수리 종류에 이

르는 날개가 있는 피조물로 나타난다(레 11장, 창 8장, 막 3장, 마 13장, 전 10장, 사 34장, 계 18장, 마 12장).

5. 예수 그리스도께서 올리브 산에 도착하시기 전에 진행하실 재림의 행로에 대한 진리(슥 14장, 합 3장, 신 33장, 판 5장, 암 1-4장, 욜 2장, 민 19-21장).

6. 우주의 모양과 그 삼중 구조에 대한 진리(히 8-11장, 창 1,6장, 히 12장, 계 14장, 욥 26,38장, 시 33장, 사 14장, 엡 3장을 공부하라).

7. 사라진 그룹과, 그의 숫자가 왜 "5"인가에 대한 진리(겔 1,10장, 계 4장, 겔 28장, 창 6-8장, 창 3장).

8. 대환란 기간에 식인 행위와 수간이 기독교 "예배"의 한 부분이 된다는 진리(시 16편, 신 32장, 사 6장, 계 2-3,6,20장, 레 20-22장, 계 9장, 창 6장, 대상 18:4을 공부하라).

9. 대환란 기간에 적그리스도가 예루살렘에 오는 일과, 예루살렘에서 물러나며, 다시 예루살렘으로 돌아오는 것에 대한 진리(다윗을 쫓은 사울의 전술과 예루살렘에 대해 산헤립이 쓴 전술과 느부캇넷살이 예루살렘에 대해 쓴 전술과 단 11장을 공부하라).

10. 짐승의 표의 정체와 대환란 기간의 질병 곧 문둥병에 관한 진리(유다서, 벧후 2장, 엡 5장, 벧전 1장, 레 13-14장, 계 13장, 왕하 4장, 렘 13,17장, 신 32장).

11. 대환란의 두 증인에 관한 진리(왕하 2장, 민 15-17장, 왕상 17-18장, 출 33,34장, 신 32-34장, 슥 4장, 출 4-10장을 공부하라).

12. 하나님께서 보실 때 무엇이 결혼의 핵심 요소인가에 대한 성경적 진리(요 2장, 마 22장, 엡 5장, 고전 6장, 마 19장, 신 24장, 롬 7

장, 요 4장, 창 2장을 공부하라).

13. 구원받지 않은 자의 혼의 마지막 모습이 어떻게 될 것인가에 대한 진리(요 3장, 민 21장, 시 22편, 욥 25장, 막 9장, 고후 5장, 골 2장을 공부하라).

14. 그리스도의 심판석에서 물으실 6가지 질문(욥 26장, 마 12:37, 막 8:38, 잠 18:21 등을 보라).

이 모든 성경적인 진리들에 있어서 "럭크만주의"는 어떠한 영향도 주지 않으며 "럭크만"이 언급되어야 할 필요도 없다. 20세기의 주도적인 배교자들이 (성경 이슈와 아무런 관련이 없는데도) "럭크만주의"라는 용어를 발명해 내고 "럭크만"이 어떻다고 떠들어 대는 것은 그들의 학생들과 추종자들과 교회 회원들을 하나님의 말씀에 대한 무지 가운데 붙들어 놓기 위해서다. 그들 스스로가 성경을 깨닫지 못하기 때문에 그들은 진리를 "이단 교리"라고 부른다. 그들 자신이, 진리를 깨닫고 믿는 사람을 통제할 수 없기 때문에 "이단"이라고 부르는 것이다. 그들과 그 동류의 사람들은 (즉 트루먼 달라, 존 R. 라이스, 웬델 멀런, 로드니 벨, 밥 존스 주니어, 탐 월레스, 프레드 아프만, 데이튼 홉스, 해롤드 윌밍턴, 알링 홀튼, 밥 존스 3세, 힌드슨, 돕슨, 제임스 프라이스, 파스타드, 스튜어트 커스터, 탐 멀론, 도날드 웨이트 등) 진짜 배교자들이며, 이는 그들이야말로 이 용어가 가지는 모든 조건을 충족시키기 때문이다.

1. 그들은 자신이 실제로 믿지 않는 것을 (곧 권위를 인정받은 〈킹제임스성경〉을) 사용한다.

2. 그들은 자신이 통제할 수 없기 때문에 성경을 믿는 사람들을 정죄한다.

3. 그들은 자신이 이해하지 못하면 성경이 가르치는 교리를 "이단 교리"라고 부른다. (밥 존스 주니어는 심지어 어떤 번역이든 번역이 영감받았다고 하는 것은 이단 교리라고 주장했다. 그는 어리석게도 신약 성경 자체가 구약 히브리어 본문을 번역하여 인용한 부분이 50군데 이상이나 된다는 사실을 잊어버린 것이다.)

4. 그들은 성경대로 믿는 그리스도인들을 통제할 수 없기 때문에 차라리 공격한다.

5. 결국 그들은 (최종권위에 있어서) 자신이 실제로 믿지도 않는 무엇인가를 믿는다고 고백한다.

전미교회협의회(NCC)에 있는 배교자들(구원받지 않은 자유주의자들)과 신복음주의자들 내에 있는 배교자들(타락한 그리스도인들)은 이미 1920년(전미교회협의회)과 1940년(신복음주의자들) 이전에 "배교"한 상태에 있었다. 그러나 이 배교한 근본주의자들은 오늘날의 배교를 주도하고 있을 뿐만 아니라(1970년부터 현재까지), 다음 세대에서도 배교가 미국을 완전히 쓸어 버리도록 이끌고 있다.

그들 마음대로 살다가 평안히 죽으라고 하라. 그들이나 그들과 유사한 자들이 회개하거나 스스로 자초한 "감추어진 성경"에 대한 무지에서 벗어나든 벗어나지 못하든 상관없다. 그러나 성령께서는 〈킹제임스성경〉을 믿는 신실한 그리스도인들에게 지속적으로 성경적 진리를 깨닫게 하신다.

바른 성경을 찾아서 13

킹제임스성경에 감추어진
심오한 진리들

초판인쇄 / 2013년 5월 15일
초판발행 / 2013년 5월 25일
지은이 / 피터 S. 럭크만
옮긴이 / 김진석
펴낸이 / 이 송 오
펴낸곳 / 말씀보존학회
등　록 / 16-223(88.12.12)
주소 / 서울 강서 우체국 사서함 90호
전화 / (02) 2665-3743 · 팩스 / (02) 2665-3302
인터넷 / www.biblemaster.co.kr

잘못된 책은 바꿔드립니다.

값 6,000 원